U0832666

旅规施策

特异·糅合·继绝

施文球 著

同济大学出版社
TONGJI UNIVERSITY PRESS

图书在版编目（C I P）数据

旅规施策：持异 糅合 继绝 / 施文球著 . -- 上海：同济大学出版社，2020.5

ISBN 978-7-5608-9230-6

Ⅰ . ①旅… Ⅱ . ①施… Ⅲ . ①旅游业－策划 Ⅳ . ① F590.1

中国版本图书馆 CIP 数据核字 (2020) 第 061511 号

旅规施策：持异 糅合 继绝

施文球 著

责任编辑：吕　炜　　责任校对：徐春莲　　排版设计：周前龙

出版发行：同济大学出版社 www.tongjipress.com.cn

（地址：上海市四平路 1239 号 邮编：200092 电话：021-65985622）

经　　销：全国各地新华书店、网络书店

印　　刷：上海安枫印务有限公司

开　　本：787 mm ×1092 mm　1/16

印　　张：15.5

字　　数：387000

版　　次：2020 年 6 月第 1 版　2020 年 6 月第 1 次印刷

书　　号：ISBN 978-7-5608-9230-6

定　　价：60.00 元

本书若有印装质量问题，请向本社发行部调换　　版权所有　侵权必究

序

一本以实战指导实战的
旅游策划教科书

20世纪初，美国哈佛大学创造了案例教学法。所谓案例教学法，就是围绕某个课题，把现实中的典型案例提供给学员独立研究和相互讨论，提高学员解决问题的能力。通读施文球先生《旅规施策：持异 糅合 继绝》大作，我深感振奋，第一反应是：中国旅游策划学又将增添一本案例教学的重量级经典教材。

施文球先生是一名实战型的资深旅游策划、规划人，在旅游领域深耕细作，足迹遍及全国各地。在旅游项目规划实践中，他主张挖掘深层次的“个性化资源”作为策划的首要素材；应用“内涵外延”的科学理念来践行策划领先；以“价值规划”的思路进行前瞻性设计等。从实践中总结出来的理论，又在实践中得到检验，他是真正“把论文写在祖国大地上”的旅游策划和规划专家，具有深厚的功力。

施文球先生在长期的旅游策划、规划生涯中，始终坚持“不唯上、不唯书、只唯实”，市场导向，效果为王，深受业界欢迎。这次他以个人创立的“持异、糅合、继绝”理论为经，以自己多年策划规划的经典案例为纬，著书立说，向业界公开他的“独门秘籍”，可以说为中国旅游策划学作出了一大贡献。

《旅规施策：持异 糅合 继绝》不引经据典，不空洞说教，从一线对接一线，以实战指导实战，有作战地图、有行军路线、有战术总结，让人读后有所思、有所悟、有所得，跳出既有的套路，走出最适合自己的路。

在当今中国，旅游策划日益成为一门“显学”。相信本书的出版，将为这门方兴未艾的智慧和创意学科再添一把火，成为旅游从业者案头必备的工具书。

中国旅游策划学创始人
复旦大学旅游学系教授
2020 年 4 月 28 日

内容提要

旅游规划，不可按图索骥，但能因材施策。作为资深旅游策划人，作者从长期实践中归纳提炼出旅游策划规划三词经。

持异：吸取“旅游资源”的内质要素，从形式、形态、形象上实现差异化表达，创意出品。

糅合：将文化、物件、形象有效组合，精心设计，创新出品。

继绝：让已经止绝的传说、故事、无有的赋予新的内容，适度延伸，创造出品。

本书通过作者亲历的典型案例剖析，独家深度解读“持异”“糅合 ”“继绝”旅游策划规划三词经的内涵奥义，不引经据典，不空洞说教，从一线对接一线，以实战指导实战。书中不仅有策划与规划的技术要点，亦有对项目背景的描述与分析，这也正是有些策划与规划师所忽略或缺失的。

智自悟中生，悟从道中来。一书在手，策划规划领域任遨游。

目录

Content

中篇：糅合 · 创新出品 / P86-P179

上篇 / Part 01

持异 · 创意出品

吸取“旅游资源”的内质要素，

从形式、形态、形象上，

实现差异化表达。

女人如花。

然而，英国作家王尔德说：

“第一个将女人比喻成鲜花的是天才，

第二个将女人比喻成鲜花的是庸才，第三个是蠢材……”

中国美术巨匠齐白石说：“学我者生，似我者死。”

艺术作品的生命力在于：持异，创意，不走寻常路！

旅游产品也是如此。

创意，旨在倡导个性特色，消除千篇一面。

创意，旨在倡导标新立异，消除抄袭复制。

常熟·沙家浜水上慢城：人间有味是清欢

少时读《东坡全集》，印象最深的是东坡所作无论诗、词、散文还是论文，皆根植于生活。哪怕老年穷困潦倒，字里行间也处处向往生命的美好。“雪沫乳花浮午盏，人间有味是清欢。”

如今我们生活在一个“高速”的时代，生活之美，点滴流淌于每个角落，然而在匆匆的步伐中被我们忽视。

“清欢”是生命的减法，暂时抛却世俗的追逐和欲望的捆绑，回到最单纯的欢喜，是生命里最有滋味的情境。

纵观国内，标注慢生活的景区数不胜数，何处能使得“坠”入其间的人达到“左手是过目不忘的萤火，右手是十年一个漫长的打坐”这样的清欢之境，这不仅需要“地利”，还需要“天时”，更需要“人和”。

沙家浜正是这样一个好去处，河溪纵横，芦荡深远。每至仲秋，小舟穿梭在白花花的芦花丛中，饶有风趣。

如斯美景，是否能够让生活慢下来？

新开发的1300亩景区，如何雕琢，才能在璞玉之上生成“清欢”之境？

湖中白茫茫的芦花与山上红彤彤的红枫，岂不相得益彰！

自然，在策划师笔下是画卷。

在水一方

“朝霞映在阳澄湖上，
芦花放，稻谷香，岸柳成行。
烟水悠悠，清风吹花，暗柳追凉。
全凭着劳动人民一双手，
画出了锦绣江南鱼米乡……”

沙家浜，位于江苏省常熟市东南方，阳澄湖北面，苏州市相城区、昆山市的交界处。抗日战争时期，在芦苇荡的绿色帐蔓里，新四军战士面对日伪与顽匪相互勾结、下乡“扫荡”的险恶环境，和沙家浜人民共同谱写了一首首壮丽的战斗诗篇。20 世纪 60 年代及 70 年代唱遍全国的样板戏《沙家浜》讲述的就是发生在这一带的抗日传奇故事。

茫茫芦苇荡，新四军与日伪武装斗智斗勇，地下共产党员阿庆嫂和革命群众沙奶奶与“忠义救国军”司令胡传魁、参谋长刁德一巧妙周旋，新四军在地方党组织和群众的支持帮助下，重建武装、坚持抗日……从此，沙家浜风靡全国，家喻户晓。

这是红色沙家浜。

水网密布，芦苇摇曳；帆影点点，渔人鸣榔。沙家浜景区面积约 345 公顷，河湖相连，水网稠密，是典型的河道漫滩和低洼地所形成的湿地，其间沼、泽、滩、湖等湿地景观丰富，孕育了丰富的野生动植物资源，形成了特有的生物链及相互依存的生态环境。

改革开放之后，国民经济的发展对环境带来的影响日益增大。沙家浜凭借着优越的环境优势，开始着手保护和恢复湿地。通过房屋搬迁、鱼塘整改、退田还湿、底泥疏浚和水系沟通、生境营造等工作的开展，湿地的生态环境得以改善。

沙家浜以苇荡湿地为主体，同时包含有河流、湖泊等湿地类型，这不仅为太湖流域提供了颇具特色的生态旅游资源，其湿地组合也在太湖流域具有明显的典型性和代表性。良好的湿地环境，为鸟类的栖息繁衍提供了理想的生存环境。

这是绿色沙家浜。

沙家浜是个深入人心的品牌，有品牌就有价值。

1999 年，沙家浜开始发展旅游业，初期占地约 500 亩。2004 年，苏州沙家浜旅游发展有限公司成立。2007 年，沙家浜被建设部评为国家城市湿地公园。2009 年，成功申报并成为国家湿地公园（试点）。2013 年对湿地资源进行整改，同年被国家林业局批准成为国家湿地公园。2009 年 8 月，常熟市人民政府批准设立沙家浜度假区，隶属于沙家浜镇人民政府。2012 年 8 月，经江苏省人民政府批复，设立省级旅游度假区，现已建成国家 5A 级旅游景区。随着沙家浜国家湿地公园和沙家浜风景区的相继建成，这片芦苇荡逐渐成了开发热土。2014 年，依托沙家浜风景区，沙家浜镇人民政府大手笔拿出紧邻景区西侧的 1300 亩未开发地块，意图延伸拓展品牌价值，再造一个“沙家浜”。

这是我们即将面对的沙家浜。

“瞻前”与“顾后”

几乎所有的策划和规划都是从如何挖掘和活化项目资源开始的。

接手项目委托后，我们派出团队进行全面的基础分析。与已开发的沙家浜风景区相比，项目地块虽紧邻风景区，但基地内部属于未进行旅游开发状态，现状以水域和村庄为主，存在少量农田，本身旅游资源不够丰富，品级不高。周边有5A级景区1家：常熟沙家浜·虞山尚湖旅游区；4A级景区3家：服装城购物旅游区、方塔古迹名胜区、蒋巷村；3A级景区1家：聚沙园风景区，同类项目竞争激烈。

通过对项目地块的问题进行诊断，“软肋”逐步浮出水面：城市化、产业化不断蚕食沙家浜的生态缓冲区，对景区湿地生态造成胁迫；观光游客的不断增加开始挑战景区的环境承载力；周边省级度假区竞争加剧，分流度假客源；可用开发土地有限，保护与开发利用的矛盾突出；城镇基础设施和配套服务不足……凡此种种，都制约着项目的开发和发展。

虽有“软肋”，待开发基地的优势却也极其明显。一方面生态环境较好，大面积的优质水域，充分展现出了江南的柔秀风光；另一方面，人文资源类型较多，资源布局广泛，突出表现为沙家浜的红色文化、民俗文化、历史文化等，文化内涵可深度延展。然而，在别人已经耕耘过的土地后面，跟风主打生态和文化牌，市场还会给我们机会吗？

与周边同类产品对比分析，我们发现几个问题：一是旅游产品类型以自然和文化观光为主，休闲、度假类产品较少，仅虞山尚湖旅游度假区、阳澄湖半岛旅游度假区 2 家；二是旅游产品缺乏娱乐购物和专项旅游产品的支撑；三是旅游产品开发方式较为初级，产品延伸力度不强，旅游产业集聚效益尚未发挥，更谈不上反哺经济发展。

而从市场趋势来看，在全球一体化与区域一体化背景下，人们生活方式、消费理念的转变，使国内外旅游市场呈现与以往不一样的新趋势，生态旅游、滨水旅游、文化旅游、乡村旅游、康疗旅游成为热词。2013 年 2 月 18 日，国务院办公厅发布《国民旅游休闲纲要》，职工带薪年休假制度逐步得到落实，国民休闲时代到来，休闲度假产业前景广阔。长三角两省一市人均 GDP 皆超过 1 万美元，经济实力推动消费升级，处于观光旅游向休闲度假游过渡的阶段。沪、苏、锡游客过夜意愿较强，度假、观光、康疗、自驾游特征明显，滨水度假休闲的偏好显著，而常熟本地及沪苏锡是长三角最核心的市场。据我们对常熟市民夜娱活动选择的调查，半数以上游客停留时间仅 1 天，72% 的游客消费低于 500 元，短停留、低消费的市场现状与市场消费能力不匹配，留下一个市场空白点！

我脑海里马上跳出一个词：慢城。

江山风月，本无常主，闲者便是主人

“流光容易把人抛，红了樱桃，绿了芭蕉。”

城市化越来越快的今天，城市的密度越来越大，信息时代飞速发展，时尚潮流汹涌澎拜，让现代都市人群眼花缭乱，应接不暇。蓝天白云的纯洁亮丽正在高楼大厦的夹缝中徐徐失色，青山绿水的率直古朴正在车水马龙的喧嚣中缓缓失落。

生命短暂犹若露珠消散，人们在奔波中探寻答案。

许多人内心深处，埋藏着印第安人的那个信仰：在长途跋涉中，无论行程多么匆忙，每隔一段时间必须停下脚步休息一下，等待自己的灵魂追赶上来。

让生活慢下来。

于是新的城市哲学悄悄在欧洲一些小城里诞生，这套哲学叫作“慢”。继多年在意大利发起的慢食文化（slowfood）后，慢城运动（cittaslow）也逐渐兴起。

自 1999 年第一届“慢城市”大会在意大利奥维亚托召开以来，“慢城”概念迅速俘获人心。十几年间，“慢城市运动(slow city movement)”铺开到全世界 130 多个国家 200 多个城镇、社区，让已经长久被高速“城市病”折磨的都市人，看到了心中的乌托邦。

“水”是资源本底的特质，
“慢”是契合市场规律的气质.

常熟 · 沙家浜 水上慢城 总平图 General layout

“慢城”，
即放慢生活节奏的城市形态。
慢城并非慢效率，
它追求的是一种可持续发展模式；
慢城更不是摒弃现代科技，
它钟情的是人与自然的高度和谐。
其核心是要倡导纯粹的生活，
保护当地特色，
对伴随全球化而来的同质化和标准化说“不”，
强调在悠闲的生活节奏中回归生活的本质与体会生命的意义。

常熟是上海“一体两翼”扩张主轴上的主要节点，是沪苏通金三角的主要承载，也是江苏省南北联动的主要支撑，区位优势明显。根据《苏州市综合交通规划（2007—2020）》，无锡—常熟—太仓—嘉定城际轨道的建设，将实现常熟与上海“轻轨相通”，届时常熟市至上海单程时间缩短至 1 小时。同城旅居时代的来临，标志着该度假区承接的不仅是长三角的旅游外溢，更是度假外溢。

基于对待开发地块的内在特质、周边环境、市场竞争等因素的综合分析，我们运用“持异”思维，提出了“水上慢城”的概念。

人们在追求高度物质文明之后，趋向于追求文化精神价值的满足，由此促使了文化旅游快速发展。乡村的优美环境与简约的生活方式使全球大城市居民趋之“寻梦”，亲水环境的舒适性使滨水旅游广受喜爱，市场需求的叠加效应，“水上慢城”应运而生。

这不是传统的游山玩水的旅游地，
也不是“红色文化”的再创作，
而是自然资源协同文化资源的统合开发。
扩大基地文化内涵，
形成了更具品位和特色的休闲度假产品。
“水”是项目资源本底的特质，
“慢”是项目契合市场规律的气质，
组合而成一个独一无二的休闲度假目的地——沙家浜水上慢城。

风起芦苇荡，心动沙家浜

纲举目张。“持异”寻找市场突破口的思路确立之后，《沙家浜水上慢城旅游概念性规划》顺理成章地成形了。

“沙家浜水上慢城”的蓝图缓缓展开。以沙家浜申报国家级旅游度假区为契机，在深入研究沙家浜文化、准确把握区域市场走向的基础上，打通任督二脉，深度整合自然生态、红色文化等资源，在总体定位上，以大创意、大策划将本项目打造成为个性鲜明、产品丰富、具有持续竞争力，集深度体验、休闲度假、科普教育、康体疗养等功能于一体的沙家浜国家度假区“世界级水乡慢城”。

由此提炼出项目的形象定位为：时尚休闲 · 水乡慢城。

在市场定位上，以常熟本地为基础市场，沪、苏、锡为主体的长三角为核心市场，珠三角、环渤海等经济发达地区及国内外其他地区为拓展市场。在细分市场上突出家庭休闲市场、自驾车市场、婚恋市场、健康养生市场、工会疗养市场，从而确立自己的“朋友圈”。

在规划布局上，遵从“生态优先、红绿一体，先优环境再造项目”的理念，本着生态保护与文化旅游开发、市民休闲与游客度假并举、基础配套与服务设施协调推进的思路，充分合理利用地域空间结构优势和区域资源的天然配置，按环境容量全年游客430万人次的规模，构建沙家浜旅游度假区科学、合理、高效的“点、线、面”结合型空间结构体系，即“一心两带七区”（入口综合服务中心，文化商业体验带，水乡风情体验带，枫林趣园区、水晶餐园区、婚缘恋园区、童子军乐园区、养生度假涵园区、乡村原味田园区）的空间布局结构。

以水上慢城主题为导向，项目根据自己的特色——红色沙家浜和绿色芦苇荡，结合江南水乡特色和优良的生态环境，打造以绿色生态、红色文化为主，兼具旅游观光、休闲度假、生态体验、商务会议等多功能于一体的新型综合性旅游度假区。突出独有的湿地生态环境底蕴，结合湿地文化元素符号，加强感观刺激，打造湿地农业与文化感悟区，与芦苇荡观光区红绿主题交相辉映。开发娱乐性、参与性、体验性旅游产品，动静结合，使旅游产品多样化，增强旅游吸引力，使历史文化内涵通俗化，让无形的文化内涵以有形的文化形式展示出来，提高旅游魅力。并允分利用周边绿野环境，延伸观光游憩空间，提高旅游容量。

突出重点，提出“风起芦苇荡，心动沙家浜”的形象口号。芦苇荡是沙家浜度假区区别于其他湿地旅游区的特色资源。“风起芦苇荡”勾勒出了原生态、纯自然的水乡面貌；“心动沙家浜”主要展示的是沙家浜的红色革命历史；“起”“动”两个动词，给人营造一种迫切感，激发游客起身去沙家浜旅游体验的愿望。

四方食事，送一碗人间烟火

在旅游产品设计上，以“慢生活”“夜休闲”“玩时尚”引客；以“水韵”“食趣”“夜辉”留客；以“红歌”“恋曲”“童话”“客语”待客，让游客获得与传统的旅游景区不一样的体验。

为提高游客的参与度，规划进一步提升芦苇荡大道两岸的景观，建造景观小品和游客休息的凉亭、长椅等设施。拓宽现有的芦苇荡大道，设立人行道和自行车道，打造慢行系统。沿岸提供免费自行车，供游客骑行。

亲子乐园将设置大水车、划艇、水上蹦床、游艇、水球等水上娱乐项目，同时在四周设置蝴蝶谷、泥鳅池等具有科普教育的生态游乐项目。大面积种植水杉林，在林下设置一个烧烤场地，并种植烧烤蔬菜和养殖家禽，游客可以就地取材，直接享用新鲜蔬菜和肉类，孩子们和父母一起享受烧烤美食带来的无穷乐趣。

草如茵，松如盖，风为裳，水为佩。而建筑采用乡土的茅草屋形式。

在节点景观设计上，围绕“水上慢城”主题，通过每一个细节创意表现“风起芦苇荡，心动沙家浜”的意境：

入口广场设计标志性雕塑《蒹葭》：一丛高高的芦苇下，一对璧人深情对视，意寓在这芦荡中意中人终被感化，有情人终成眷属，由此延伸出美好的祝福。《诗经 · 秦风》中《蒹葭》一诗云：“蒹葭苍苍，白露为霜。所谓伊人，在水一方。”表达了对意中人深深的企慕和求而不得的惆怅。蒹葭即是芦苇。雕塑应用高科技制作，以“慢生活”“夜休制作”为切入点，夜间随着芦苇自身变幻的光亮和地灯从不同角度打出差异化灯光，产生出动感，让人放飞美丽的遐想。

在南面的沙家浜风景区停车场即可看到壮观的大型水景，成为吸引游客的重要景区。以大型雕塑（石质雕塑与水体雕塑相结合）音乐喷泉为特色，通过高科技手段演绎文化深度，形成兼具传统美与现代美的水秀特色。

闲趣岛上的休闲设施均具有临时性和可移性，可随季节变化、时代变迁和活动场景的需要变换设施和位置。此岛是品茗、观景的最佳休闲场所。

文化商业体验带突出市井文化和人文情怀，业态以特色餐饮、购物、娱乐为主。养生餐饮汇聚各类餐饮老字号、当地特色餐饮、红色文化餐厅、中医药膳等；创意消费包括红色商品、养生用品、陶艺制作、织布体验、手工编制芦苇画、制作蓝印花布等体验式购物；娱乐主打休闲娱乐，打造茶坊、琴坊、棋坊、酒坊、歌坊等业态，并有小型演艺活动。另有其他参与式休闲娱乐活动，如抬花轿、坐花轿等。

水乡风情体验带沿途设多个游船码头、多处对歌台供游客停留休闲。游览交通工具采用原生态、富有水乡风情的手摇船。环线上注重夜景灯光、喷泉的环境营造，为游客提供一处长三角难得一见的水乡时尚夜景。环线上结合各个功能区的特色，采用分段打造手法，设置人文沿河风光段、花海风光游览段、亲水生态野趣段，不同段落沿岸是不同风情的水乡风貌。

枫林“趣园”打造与“白色芦荡”相映成趣的“红色枫林”。融入常熟市地域文化，以常熟市树枫树为特色，挖溪堆坡，形成溪岸相间又围湖临坡的地形格局，营造一处绝美的、可以“发呆”的休闲新天地。同时设计山亭、树屋、溪流、小桥、曲径、草坡等休闲设施，打造长三角最具特色的城郊生态休闲体验场所。

常熟人把枫叶称为“聪明叶”。1988 年，常熟市由市民民主评选方式选出了枫树为市树，腊梅为市花。记住一种树，就是记住了一座城市，想到一种花，就会联想到一座城市。市花、市树不仅代表了城市文化，更象征着市民普遍认同的城市精神，而腊梅、枫树代表了常熟独有的气质和特色。项目以枫林趣园，打造一个常熟市民“精神文化圣地”。

水晶“餐园”是长三角唯一一处水上唯美的“水晶”餐厅。利用原有的大面积水面（蟹塘）建造水上玻璃餐厅聚落，餐厅四周均为玻璃，餐厅四周的水中有锦鱼、有荷花、有水生植物，游客在餐厅内可观周边景色，室内外交融，如在室外原生态环境中就餐。夜间，水晶餐厅内灯光映出，在水中形成倒影，流光溢彩，美不胜收。

婚缘“恋园”用“一生情缘”的概念，致敬千秋万世的姻缘。对接长三角巨大的婚庆市场需求，根据相识、相恋、求婚、结婚，铜婚、银婚、金婚的婚恋线索，策划不同项目。围绕婚纱摄影、婚纱礼服、婚庆策划、婚宴服务等婚庆四大主要产业，打造婚庆一站式服务公园。

养生度假“涵园”是时尚健康休闲体验地。对接日益庞大的康疗养生客群需求，根据不同细分人群设置健康体检中心、汇元养生会所、中医药养生酒店、音疗养生聚落等不同类型、不同档次的健康养生度假项目，打造中、西医兼备的健康一站式养生休闲度假服务。

童子军“乐园”为国内最具特色的青少年红色娱乐体验主题

园。充分利用地块原有水系、车道、苗木等资源，在不改变现状的情况下，打造各种体验性项目。以红色文化为特色，融合酷贝拉儿童角色扮演体验，设置水、陆、空结合，室内、室外组合的“十八树丛”“搜集情报（智慧小屋）”“飞夺泸定桥（单轨自行车）”“巧渡金沙江（水上拓展）”“过草地（陆上拓展）”等科普、娱乐体验项目，打造一处体验性、参与性极强的青少年娱乐新天堂。

乡村原味“田园”面向常熟市及长三角农业休闲客群，以会员制土地租赁的形式将一亩地划分为若干小块，租赁给城市居民耕种，让其实现自给自足的农耕田园梦想，做成别具一格的江南原味农家休闲项目。并依托现有建筑做农家乐，提供农家餐饮、土特产品购物等。

……

“垒起七星灶，铜壶煮三江。摆开八仙桌，招待十六方。”一个不一样的沙家浜，蓝图初展，曙光初现。

[策划札记]/Notes

景区规划的一样与不一样

《沙家浜水上慢城旅游概念性规划》运用“持异”思维，以地为纸，以景为画，主要从四个方面着墨描绘蓝图，使项目将在激烈的市场竞争中脱颖而出：

——确定鲜明主题。主题在体验型旅游规划中的作用犹如文学作品的中心思想，体验主题是凝聚旅游景区（产品）特色和促使游客产生消费行为的刺激物。有了主题，游客不仅马上能对自己将要经历的一切有所了解，同样也会被深深吸引，从而产生由衷的期待。一个美好、动人、健康的主题能有效地激起游客的联想，并且在游览过程中对眼前景物所传达的信息产生共鸣，作出积极的反应，从而顺利地引导双向互动。主题在旅游规划中起到“神韵”的作用，能使规划中的各个项目“万变不离其宗”“形散而神不散”。

——突出重点情节。某些景区随着季节、气候的变化，所呈现的风貌会大相径庭。主题没变，但主打的情节可以随之改变。比如，登临华山，体验的就是“惊险”两字。可是，在不同的时节，游客所能体验到的惊险程度是各不相同的。再如在雨季，湿滑给人们带来的不安往往会超过对陡峭的恐惧；而在晴空万里的时节，一望无底的深渊造成的视觉上的惊恐往往是游客最难忘的体验。因此，同样“惊险”的主题，情境不同，感受的侧面也不同，规划者在设计情节时应有所突出，从而提供最本质、最深刻的体验感受。

——加强感观刺激。有效的感官刺激能使人们对体验更加难以忘怀。热带雨林咖啡厅的经营者就运用了这一点。为了强化游客对“雾”的感觉，游客首先会听到“咝咝”的声音；而后见到雾从岩石上升起，感受掠过皮肤时凉爽轻柔的感觉；最后，会闻到热带雨林特有的清新气味。当然，这些刺激五官的手段必须迎合主题的要求，脱离主题或者过分的刺激都会适得其反。在规划中应对游客进行多方面的感观刺激，加深体验的感受性。

——注重游客参与。体验的前提是参与，仅仅是走马观花似的旁观，而不参与其中，并有所思索与体会，仍得不到真正的体验。体验所涉及的感观越多，就越令人难忘。因此，在设计项目或产品的时候应特别注重游客的参与性。

天津·水西庄：
“大观园”遇上“大观园”

“津门好，诗酒兴飞扬。

风雅吟成沽上集，

烟波人访水西庄。

美酒醉千殇。”

说到水西庄，“知情人”会想起曹雪芹，因为有研究表明他八岁那年因曹家落难，家人把他寄养在水西庄。

提起曹雪芹，人们就会联想到《红楼梦》，大观园的印象也会清晰起来。

然而，大观园已经不是唯一，那又将水西庄如何规划与打造呢？

轻轻翻开历史的一页，就足见水西庄人文的“厚度”。

“水西庄，一度是天津文化的代表，也是天津文化的骄傲。作为一处消逝的代表性地域文化，水西庄的研究历来是学界的焦点。沉寂百年之后，1997 年天津市红桥区成立水西庄研究学会，提出水西庄是天津高雅文化的集大成之地，引起世人的瞩目……”

历史是一堆灰烬，但灰烬深处有余温

京杭大运河一路北上，水路畅通，为沿途村镇集市带来富裕和繁华。明成祖定都北京后，浙江海宁查家的盐务拓展至京津一带，并在仕途上有发展，成为京城豪富，显赫一时。清雍正元年（1723），已移居天津的盐商巨富查日乾、查为仁父子在卫河（南运河）以西营造占地150余亩的私家园林——水西庄，面向卫水，背枕郊野，交通便利，环境幽静，占地百亩，林深水阔。该园当时水木清丽，景致幽雅，旧有枕溪廊、数帆台、藕香榭、览翠轩、花影庵、泊月舫、碧海浮螺亭等胜迹。

水西庄文化气息浓厚，主要得益于其紧靠大运河，而古时南方进京赶考的文人都走运河水道，由于水西庄主人爱养名士，交结名流，好客喜文，天长日久便成了南北文人聚会、谈文论术之地，吟诗酬唱的佳境，因此曾人文荟萃，众多文人墨客在水西庄留下无数文章墨宝。“名流宴咏，殆无虚日”，可见当时南北文人雅士荟萃津门之盛况。

水西庄，清朝时期曾经作为天津符号，是清中期天津文化史上十分著名的一座古典园林。乾隆皇帝南巡曾先后四次驻跸水西庄，并赐名“芥园”。清朝乾嘉时期代表诗人、散文家、文学评论家袁枚在《随园诗话》中，将天津水西庄、扬州小玲珑山馆、杭州小山堂并称为乾嘉三大私家园林。

清道光年后，该园逐渐衰败，庚子之后被战火所毁，光绪末年为军警占据，昔日楼台亭榭已荡然无存，繁华竞逐的水西庄不复存在，这颗文化明珠湮灭在历史长河中。1912 年在此建造自来水公司。20 世纪 30 年代，天津文化界名人曾发起组织“水西庄遗址保管委员会”，呼吁重建，因时局不靖，没有结果。而今，水西庄遗物只有建设路上天津自来水公司门前的一对石狮子了。

天津红桥区政府把复建水西庄列入“十一五”发展规划，利用现有西沽公园南部园林和水域，复建清代文化名园水西庄。2012 年，红桥区政府成立由区领导挂帅的水西庄复建项目领导小组，聘请专业机构进行规划，意图再现往昔盛景。

于是，《天津红桥区水西庄私家园林别墅区恢复重建概念性规划》摆上了我的案头。

京津地区的综合文旅项目

水西庄位于红桥区南部偏西、南运河南岸，现芥园大堤至芥园水厂一带，历史的水西庄留存下来的只有一对石狮子和“乾嘉三大私家园林之一”的称号，所谓复建，跟在白纸上画画差不多。

天津红桥区政府规划，利用现有西沽公园南部园林和水域，复建清代文化名园水西庄。规划的水西庄项目用地 900 余亩，建设园林景观、酒店、写字楼等文化创意、旅游和商贸（务）设施以及高档住宅，总建筑面积为 107 万平方米。

水西庄项目中 900 余亩地中有 350 余亩给了某资方，其规划范围东临咸阳北路，南靠平津道、近子牙河，西连外环西路，北至纪念馆路，分成三个功能区：

文化广场——将天津历史文化、名人、水西庄文化等用各种艺术形式予以表现，以花卉、亭、台、灯具、塑像等形态为载体，总面积约 3.5 万平米（兼具停车场）。

多功能区——占地约 9 万平方米，建筑面积 2.2 万平方米，再现盛清集市风情。建设三层以下仿清建筑群，分高档宾馆区、饮食服务区、风俗购物区、书画苑、琴棋苑、文化长廊、商务会馆等。要具备举办全国规格的比赛条件的场馆。

水西庄复建——以形似神似、修旧如旧为原则，以原面貌恢复为主要目标，重点体现清中期南北园林艺术、民居风格，达到“游一园而知盛清，遇一景都有故事”的效果，打造一个精品旅游景点。水西庄总占地 11.5 万平方米，其中芥园占地 1.5 万平方米。芥园为园中园，分为两部分：一为芥园观光游览区；一为高档接待 / 会议区，可接待 200 人左右的餐饮、会议、住宿，设独立通道可供进出，并含一生态停车场。

对比历史的水西庄和拟规划的水西庄，我认为：本项目不是简单的文化古迹恢复重建和情景再现，它是一个文旅综合体，必须承载文化传承、市民休闲、风俗购物、餐饮服务、商务会展等复合功能。能把历史文化融入现代城市发展进程中，才是成功的规划设计。

一个已消逝百余年的私家园林，能成为这个庞大的文旅综合体的灵魂吗？

难道又一个“大观园”

水西庄复建无疑是项目的核心。但放在现代旅游的大视野下，仅仅复原乾嘉私家园林盛况是不够的，必须面向市场注入新的元素。

乾隆皇帝下江南的驻跸之地，作家金庸和水西庄查家的亲缘关系，众多文人墨客留下的无数佳作墨宝，珍藏于天津博物馆的芥园碑……

在历史文脉梳理过程中，我注意到一个论述：天津学者韩吉辰推测，水西庄是《红楼梦》大观园原型，这引起“红学”界的广泛关注和附议。

这无疑是一个市场关注点。

顺着这条线再深入挖掘下去，一个传奇故事在我眼前展开——

经考证，水西庄和《红楼梦》大观园有十多处景观巧妙呼应。据传，曹雪芹幼时因被抄家曾寄居水西庄，因此红学专家认为，水西庄是《红楼梦》大观园的重要原型之一。

对蛛丝马迹的史料进行分析之后，我运用“持异法”继续延伸：

曹家落难后，曹雪芹被寄养在水西庄查家避难。入庄后，日久天长地便喜欢上了“香初阁主人”查家二小姐（查调凤），查家二小姐也由开始时对曹雪芹的倾慕，而逐渐生情、生爱。

然而，查氏家族压根没有看重这个没名没禄的客朋之子，曹雪芹也因为寄人篱下而不敢超越查家的规纪。虽然查家二小姐在家族中处处力挺曹雪芹，查家人也深知二小姐心中恋着曹雪芹，但他们更器重常来查家“香雨楼”居住、显得才华横溢的富家公子，时时处处阻扰二小姐与曹雪芹的往来。最终查家人上下合心，连哄带骗、施软行硬地把二小姐嫁给了富家公子为妾。

从此，曹雪芹一蹶不起，在思念中度日如年。痛苦之极，提笔疾书，以文渲泄自己内心的悲哀和这个世界的悲凉。屈于世风，他只能运用角色反串，以林黛玉自拟，形成了红楼梦中贾宝玉、薛宝钗、林黛玉三人的爱情风波，并以林黛玉最后含冤含恨离开人世为结局，以示自己虽生犹死，昭闻天下“质本洁来还洁去”的至情、至爱、至贵、至尊的爱情观。

曹雪芹在水西庄的情感历程，也许就是《红楼梦》爱情故事的蓝本。

曹雪芹在清朝乾隆年间写书时，承受巨大的压力，书中必须将“真事隐去”，《红楼梦》才能流传于世。但是作者又极其渴求后人“解其中味”，使读者能够理解他的隐衷，揭开隐去的“真事”面貌。

后世文化专家通过一些红楼与水西庄内轩馆名目上的微妙联系，意外获得了查氏后人主动提供的私家秘闻，继而以跨时空、跨文体的手法，把水西庄与《红楼梦》的故事交织起来，在观众面前，呈现一个令人意想不到又在情理之中的传奇故事。

水西庄就是“大观园”！

曹雪芹就是“林黛玉”！

这不是主观臆断！

这是水西庄传奇最大的亮点！也是最大的看点！

以此为支点，水西庄将引发新一轮的研究高潮。从红学研究至文学研究、文化研究，然后衍伸至园林研究、建筑研究、植物研究以及古典园林与现代旅游的研究，水西庄从而成为一个当代学者新的研究基地，旅游市场的新宠。

天津·水西庄
私家园林
鸟瞰图
Aerial view

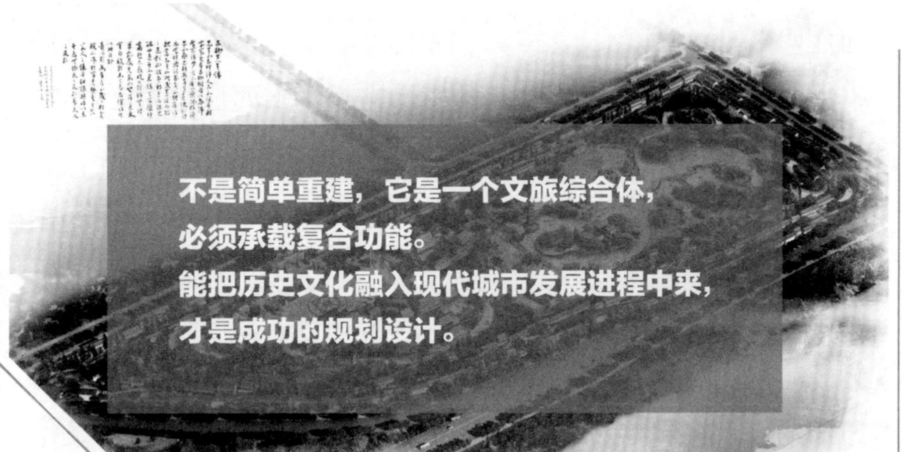

面对各地大观园，水西庄的旅游魅力何在

家喻户晓的中国古典四大名著之一《红楼梦》的影响力，是水西庄的恢复性重建和文化旅游良性发展的“点金术”。沿着这一思路，我们对项目继续深入思考。

首先进行的是规划思考：迄今，已有北京大观园、上海大观园、南京大观园，还有必要在天津建造一个“大观园”式的水西庄吗?

接着进行的是文化思考：大观园是虚，水西庄是实；红楼梦是虚，那么，实的又是怎样?

还需要进行市场思考：面对“红楼梦”“大观园”这些概念，水西庄的旅游魅力何在?

北京大观园是一座再现中国古典文学名著《红楼梦》中“大观园”景观的文化名园，由红学、古建、园林、清史、民俗等多方面的专家、学者设计，作为 1987 年版的电视剧拍摄基地，1984 年建造于北京西城区南菜园护城河畔。原址为明清两代

皇家菜园，明代曾在此设“嘉疏署”。电视剧摄制完成后，景区对外开放。全园面积 12.5 公顷，建筑面积 8000 多平方米，新拓水系 2.4 万平方米，草坪 500 平方米，种植各种树木 3 万余株，堆山叠石 6 万立方米。全园包括庭园景区 7 处、自然景区 3 处、佛寺景区 1 处、殿宇景区 1 处，总计景点 40 多个。

北京大观园采用中国古典建筑的技法和传统的造园艺术手法建造。园内的园林建筑、山形水系、植物造景、室内陈设、小品点缀等都尽力忠实于原著的时代风情和具体描绘，再现了曹雪芹笔下《红楼梦》中的私家园林风采。北京大观园创造了影视置景和园林建设相结合的新模式。北京大观园那宛若人间仙境般的殿宇亭台、楼阁回廊、佛庵别院、假山流水，吸引了众多影视剧组来园拍片。初步统计，20 年里有 110 多部电影、电视剧、专题片利用了“人间仙境大观园，梦幻红楼不夜天”的场景制作完成。

上海大观园是根据《红楼梦》中大观园的描写设计而成的大型仿古园林建筑群，是国家 4A 旅游区，上海五星级公园，位于上海青浦区青商公路 701 号，淀山湖西侧，距离上海市区 65 千米，占地 135 亩，建筑面积约 8000 平方米，原称淀山湖风景游览区。1979 年秋破土动工，1980 年局部开放，1988 年基本建成开放，1991 年改称上海大观园，占地也扩大到 1500 亩。总体布局以大观楼为主体，由“省亲别墅”石牌坊、石灯笼、沁芳湖、体仁沐德、曲径通幽、宫门、“太虚幻境”浮雕照壁、木牌坊等形成全园中轴线。西侧设置怡红院、拢翠庵、梨香院、石舫。东侧设置潇湘馆、蘅芜苑、蓼风轩、稻香村等 20 多组建筑景点。

上海大观园在设计上颇费心机，与北京大观园明显不同的是，上海大观园利用江南水乡的地理特点在园中布置了大面积人工湖泊。设计曲径通幽，大假山作入口屏障，以挖湖取土堆掇 1 座高 16 米的小山为大观楼的背景，构成大观楼背山面水的壮丽气势。全园以大湖为中心，以池塘、沁芳溪沟通各景点，构成有主有支、有动有静的水系。湖边设亭、榭，湖中设曲桥、石舫、石灯，溪上设桥亭，形成山重水复、流水人家的江南园林风光。园内古树名木与朱柱粉墙黛瓦相互衬托，流淌着远去的梦香，兼有皇家林苑气派和江南园林秀丽风格。

南京大观园是南京市斥7亿元巨资重建的江宁织造府，恢复江宁织造府原貌，内设曹雪芹诞生处、曹雪芹故居陈列馆和现场织造云锦博物馆，专门研究《红楼梦》的红楼梦文学馆也设在其中。江宁织造府作为清代专门制造御用和官用缎匹的官办织局，比《红楼梦》的历史还悠久，据说康熙与乾隆皇帝南巡曾多次入住这里，而真正让其名扬天下的则是1711年文学巨匠曹雪芹的诞生。因为曹家的命运从开始就与江宁织造府密不可分，康熙二年，曹雪芹的曾祖父曹玺被康熙从北京派遣到南京任江宁织造，以后历经祖父、伯父、父辈，先后达65年。《红楼梦》中的不少故事就是以江宁织造局为原型的，许多人谈起大观园中所发生的故事，总是津津乐道，滋滋有味。

一个借电视连续剧的流行风头无两，一个以1500亩庞大体量兼容皇家林苑和江南水乡，一个打出曹雪芹诞生地的王牌吸引眼球，三个“大观园”已抢占市场先机，后来者还有机会吗?

通过对三个“大观园”对比分析，我们认为，三个“大观园”的先后建成，对水西庄项目的规划、建造和营销上带来较大的挑战。在不违背历史、不违背人们意愿的原则下，必须有新的思维、新的创意、新的技巧，才有出路。水西庄绝不能跟在后面复制模仿，它所要表现的《红楼梦》和大观园，必须从“持异”思维寻找出路，开拓差异化市场，让游人看到的不仅仅是“大观园”。

为此，我们将规划设计的总体思路定位为“水西庄的特色，大观园的影子”。

在文化表现上，通过挖掘曹雪芹与查家人的故事，打造水西庄现象、水西庄文化、水西庄品牌。以水西庄揭晓红楼梦之谜，勾起人们的遐想，产生探奇的欲望，从而成功地推出自己的旅游品牌。

在此基础上，我们确定规划理念为：集南北造园艺术之精华，采京沪大观园之特色，以《红楼梦》为文化线索，以水西庄研究文字资料为创作素材，打造一处有建筑个性、有景观内涵、有旅游特色的文化园林，为红桥区、为天津市的城市空间营造一个新的亮点。

按照这一理念，我们沿用水西庄三大布局特点：东、北、西三面环水；集景式园林；以水面取胜（可以乘舟游赏），规划思路突出“景幽、文盛、人名”三大人文特色；根据现代旅游的需要，进行大手笔的“优文助商”宏观规划，以精、巧、新的“南秀北雄”细部设计，形成一个富有21世纪初恢复性重建的水西庄，打造“新时代名人的汇聚之处”。

顿开尘外想，拟入画中行

在“水西庄的特色，大观园的影子”设计思路的引导下，以水西庄名称为主，以大观园名称为辅，一个历史与现实相融、典故传奇与小说故事交织的水西庄逐步成型：

自然环境与景观幽雅精致，凭河造景，巧夺天工。其构思布局，应体现出高超的造园艺术水平。园内楼台亭榭命名需颇富诗意，如揽翠轩、藕香榭、枕溪廊、花影庵、数帆台、泊月舫等，昭示出浓郁的文化底蕴。听其名，观其景，如诗如画，“顿开尘外想，拟入画中行”。

这里，有水西庄的特色：花影庵（秋白斋）、一犁春雨、绣野簃（湘中阁）、枕溪廊、萱苏径、来蝶亭、月明捩笛、数帆台、藕香榭、揽翠轩、红板桥、泊月舫。

这里，有大观园的影子：秋爽斋、梨香院（梨花院）、潇湘馆、枕霞阁、荇叶渚、逗蜂轩、凹晶馆、西帆楼、藕香榭、拢翠庵（栊翠庵）、朱栏折带、龙舟。

这里，一木一石皆见清奇，楼台亭榭务求尽美；或堆土为山，或引水造池，一展江南特色：花影秋爽、梨香春雨、绣野潇湘、水溪枕霞、萱苏荇叶、逗蜂来蝶、月明捩笛、凸碧数帆、藕香榭、揽翠轩、红板桥、泊月舫……

这里，以竹为特色，以水面取胜（可以乘舟游赏）；而建筑景点则以揽翠轩为首。揽翠轩之典雅，藕香榭之清幽，枕溪廊之折曲，数帆台之高雅，花影庵之庄重，泊月舫之飘逸，绣野簃之别致，碧海浮罗亭之虚实，以及一犁春雨之玲珑剔透。既有富丽堂皇，又有天然野趣，得乾隆皇帝喜欢。一次春夏之交，水西庄紫芥盛开，乾隆龙心大悦，挥笔赐名“芥园”，从此“介园”改为“芥园”，水西庄名声大震。

每一个景点都是一个故事：

小水西——水西庄之西建“小水西”，为乾隆驻跸水西庄之所。

葺板屋——查为仁因冤案被监 7 年获释后，在葺板屋数间中读书。

展蕉轩——朱岷应约来津，移家展蕉轩，绘《秋庄夜雨读书图》。

屋南小筑——水西庄南面，建屋南小筑，为查日乾暮年娱息之用。

淡宜书屋——查为仁藏书处。

竹间楼——查为仁读书处。

清机小舍——查礼夫妇居住处。

小阳谷（原名茧斋，三面见日，寒冬不火而暖）——万光泰居住处。

秋棠阁——查氏园林“海棠十月开”。

香初阁——查调凤（查为仁之二女）居住处。

香雨楼——汪沆来水西庄时居住处。

来蝶亭——《红楼梦》中“逗蜂轩”就是水西庄“来蝶亭”。

红板桥——有诗“红板桥空，溅裙人去，依旧晓风残月”。作者想起与情人别离之怅恨，遂觉得自己无依无靠，一种漂泊之感无意间便流露出来。

琵琶池——池形如琵琶，水声似琴音。

月明掠笛——明月在天，波纹水光，夜色迷蒙，一声细乐在花间水边婉转地响起，此时园韵曲趣，景、声、情、韵相得益彰，赋予清风明月与你。

萱苏径——萱草又名谖草，“谖”就是“忘”的意思。传说中萱草是一种忘忧草。萱苏径，走在忘记忧愁的路上……

规划策略突出七大特点：春夏绿树，秋冬红“水”；曲水通幽；以今润古；植物文化特色；园中宅 · 宅中园；水西庄环街；“诗酒地”。

规划策略指导在建设中充分挖掘并赋予其深厚文化内涵。遵循“因高借远，凭水借虚”的造园原则，体现其“江南色彩极为明显、文化气息极为浓厚、景点命名极为考究”的造园特点，使用传统工艺和传统材料，将历史上水西庄“揽翠轩”“数帆台”“枕溪廊”“藕香榭”等 36 处名景成功复建，把这一地区打造成在京津地区有一定影响的综合文化旅游项目。

根据现代文旅市场需求，我们设计了紫花苑文化会展区和商务酒店区两大节点，另拓展水西庄古典私家园林别墅和芥子岛高档会所，既可纳入水西庄景区，也可融入紫花苑商务酒店区。建筑分布既有中轴线对衬式，又有灵活散布式，彰显园林布局的灵动性。

现代水西庄的故事，正在缓缓展开……

[策划札记]/Notes

文化的原生性和创意的差异性

规划设计时只有综合兼顾政府的品牌效应、园区的社会效应（旅游：观光、休闲、度假）投资方的资金平衡与效益回报、经营者的经济产出与费用分配（对园区日常管理费用的支付、进一步完善与发展和利润收益），才能凝结各方的积极因素，来支撑可持续性的良好前景。

水西庄景点的设置和名称有必要进一步挖掘、推敲，“风光型”“故事类”“情感式”的分类型设置也有必要进一步明确。这样的“侧重”对建造的投资成本，景点的差异性，游客的感知、兴趣度都有很大的关系。

水西庄与《红楼梦》的联系，只是历史上一条不起眼的线，我们巧妙提取，用这根红线把历史建筑遗存与现代市场需求连接起来，起到“四两拨千斤”的作用，这样才能赢得市场成功。成功的背后，有偶然，也有必然。国内众多复制景观、微缩景观的惨淡经营表明，一味“蹭热点”“傍大款”并非万能良药。我们用水西庄策划案告诉世人：文化的原生性和创意的差异性，缺一不可。结合起来才能成为市场的“通行证”。

浙江·狮子山戏水谷：

守正出奇“狮子”吼

戏水谷的烟波里，明月如故。
我在狮子山的四季里，晨曦日暮。
所幸岁月这一场潮水，我们邂逅相随。
数年之会，纵然弹指一挥……

山水相逢处，
李白说：“东南山水越为最，越地风光剡领先。”
杜甫说：“剡溪蕴秀异，欲罢不能忘。”
大诗人说的“剡”，就是今天的嵊州。
故事就在这：
绍兴有个嵊州市。
嵊州有个狮子山。
狮子山有个戏水谷。

背景：山水相逢处的旅游养生综合体

绍兴有个嵊州市。

嵊州，地处浙江中部偏东，曹娥江上游，早在秦汉时就建县称剡，唐初设嵊州，以“百年越剧诞生地、千年剡溪唐诗路、万年文化小黄山”闻名于世，风景如画，人文荟萃，有书圣故里、天下第一瀑、绍兴温泉城等名胜。嵊州的秀美山水，比众多文人墨客、贤士名流的佳作绝句更美，曾荣膺“2012 中国最佳休闲小城”“浙江十大欢乐健康旅游城市”“2012 中国最佳温泉休闲胜地”等称号。

嵊州有个狮子山。

市区北部会稽山绿色生态走廊间，是 2010 年 6 月由浙江省人民政府批准设立的嵊州温泉旅游度假区。温泉出水温度为 45.6℃，以全国罕有的游离二氧化碳为特色，还含有锶、锂、氟等对人体有益的微量元素。核心景区占地 5.9 平方千米，以温泉休闲、商业会务为主，集高档休闲度假、观光游乐为一体，是长三角乃至国内知名的温泉型旅游度假区，长三角重要的康体养生区。

温泉湖畔，有山象形狮子。三面环山，空气条件好，风光秀美；周边散落分布磨刀坑、大山下和新塘三处库容较大的水库，坝下梯田层层，麦田块块，植被层层。平地、水域、山体组合交融，山、水、林、文、气等旅游资源组合良好。

子夜，星子如稀疏的雨点，点缀于漆黑的天幕，一轮皓月当空悬挂。

狮子山，在星月的映射下，仿如一面挺峭的玉璧屹立于嵊州之上，月华如银色轻纱薄薄地笼罩而下，衬得狮子山尊贵傲然，一派田园景象，一座山水故家，一处休闲养生福地。

狮子山有个戏水谷。

山水相逢处，日光静好；葱翠山林间，清风相送。静坐的湖泊，跳跃的溪流，更有清新脱俗的生态谷地。狮子山下，有着不一样的旖旎风景。

以稀缺的温泉资源、天然的山水景观为依托，2012 年，浙江华隆旅游投资开发有限公司启动规划控制面积 7500 亩、建设用地 820 亩、总投资 30 亿元的集休闲度假、温泉养生、科普教育于一体的旅游养生休闲度假区——狮子山旅游养生综合体项目，戏水谷位于项目的核心位置。

作为嵊州温泉旅游度假区中一个重要功能区，作为狮子山养生综合体的规划核心地块，在这山之下、水之滨、村之邻、田之上，如何挖掘整合资源？如何打造游乐项目？如何吸引客源？如何发挥社会、经济和生态效益？

2013 年，带着投资方交给的一系列课题，我联合浙江工商大学旅游规划设计院团队入驻狮子山戏水谷。

思路：凡战者，以正合，以奇胜

模拟推演时，根据项目的内涵外延，我们明确了“守正出奇”的策划思路。

旅游策划不只是抖机灵，拼点子。《孙子兵法》有云：“凡战者，以正合，以奇胜。”意思是，按着常规发展，却又不墨守成规，不恪守一格，能突破思维、持异出奇制胜。有据可循，好的旅游策划往往胜在“奇”上，由此设计出的旅游产品就是绝世神兵利器了。

重山水人文旅游向文化、休闲、体验、娱乐等多元发展转变，从眼球产品向综合体转变，初看上去不难，似乎旅游策划的发展趋势就是如此，但如何“点石成金”，如何利用旅游策划中的“金三角”理论，如何“守正出奇”，小细节里往往彰显大文章。

环境信息的搜集是旅游策划的基础，包括旅游客源市场的分析、旅游资源状况、可进入性及周边地区旅游发展状况等。旅游策划人在搜集、处理信息的基础上，运用反复实践的经验认识，发现一些市场机会，再进一步分析市场机会，从机会和信息中抽出系列前提，从经验认识中发生系列假设。这一系列的前提和假设逐渐汇集、排列、组合，形成了项目轮廓。

项目规划区距离市区 7 千米，占地面积近 300 亩，是嵊州温泉旅游度假区的核心项目之一。在项目周边，市域范围内知名景区有南山风景名胜区、百丈飞瀑、十八都江风景旅游区、剡溪漂流景区、崇仁古镇等，留给本项目的市场空间似乎不多了。

进一步分析市场趋势，休闲游需求升温，旅游目的地向娱乐性、享受性转变；散客游、家庭游兴盛，旅游方式更趋个性化；城郊游、短途游主导旅游市场，旅游消费更加理性化、大众化。这，就是我们的市场空间。

随着社会的进步和人们休闲意识的增强，人们的休闲需求也在逐渐增加。尤其是城市居民，由于城市的拥挤和工作的压力，迫切需要回归自然、放松身心。工作之余，人们总希望找到一个去处，可以回归自然、放松身心，而嵊州居民却“去无可去”——嵊州纵然景区众多，各具特色，近郊却缺少一处供市民周末全身心投入，“逃离”都市、缓解压力的好去处。

近年来，浙江夏季持续高温，最高气温纪录不断刷新，杭州的新纪录达到 41.6℃。山林避暑、水上娱乐主题旅游成为市场的新宠儿，一处清凉何处寻?

本项目距离市区较近，自然和人文环境优越，有山有水有峡谷。重新审视基地资源，挖掘其生态和山水特色，在综合考虑周边景区竞合关系的基础上，定位基地夜休闲和水娱乐的发展方向：“风水格局”，中心开花。即以“水”为要素，以“夜休闲文化”为主题，以“自然、生态”为原则，以“功能创新组合，景观创新设计，灯光创新造型”来创造新奇。

立足生态，整合资源，策划水上、陆上、山上立体空间旅游产品，构建水娱乐、夜休闲主题旅游产品体系；白天刺激玩、夜晚休闲玩，丰富旅游体验；推出节庆赛事，积聚人气，活跃区域氛围。

进而我们迅速确立目标市场细分与定位，将狮子山戏水谷的总体市场定位为：以嵊州本地居民为基础客源市场，杭绍甬客源为重要目标，大力拓展长三角及国内其他远程客源市场。基础目标市场是嵊州本地客源，核心目标市场是杭绍甬客源，机会目标市场是长三角自驾游旅游市场，专项目标市场细分为家庭旅游市场和团队旅游市场。

思路一转天地宽。

项目性质由此确定了：充分利用基地地形地势，以“山水、田园、文化、村落”等资源为依托，以“夜休闲和水娱乐”为主题特色，以森林、花草和水面为主要休闲娱乐场所，以嵊州及其周边游客为主要客源市场，以自驾游、周末和节假日为主要服务时段，打造水、陆、山旅游产品，满足儿童、青年、老人等不同年龄段游客的休闲娱乐需求，使之兼具“运动休闲、水上娱乐、文化体验”功能，成为嵊州温泉旅游度假区的水上娱乐亮点、嵊州地区夜间休闲的集聚地、杭绍甬游客周末休闲娱乐的首选。

发展近期目标为嵊州最受欢迎和高度知名的主题游乐园区，以精致、秀美营造环境，以刺激、惬意策划活动，以特色、营销培育市场，以消费、商业实现效益，以品牌、管理保障发展，打造一个立体式的生态游乐主题园区，营造自然、轻松、欢乐、闲适的水上游乐和休闲体验氛围；中期目标为杭绍甬游客周末休闲娱乐的首选；远期目标为打响狮子山戏水谷品牌，做成长三角有一定知名度的旅游目的地！

理念：“毛坯”打造，攒珠成串

万丈高楼平地起。项目轮廓犹如一个高楼的地基，还需要进一步加工完善。项目轮廓经过进一步地挖掘，融入理念和战略规划，逐步明朗化、具体化，形成“毛坯”的概念。狮子山戏水谷的“毛坯”该如何打呢？我提出：攒珠成串。

基本的理念是：充分利用现有资源，借助地理条件；尽量减少投入，节省物料、劳力支出；高效、合理地科学规划，以达到“事半功倍”的效果。围绕运动休闲、水上游乐和餐饮购物等功能，以夜休闲和水娱乐为核心主题，打造参与性、观赏性、娱乐性、趣味性于一体的生态游乐园区。

据此，我在项目策划中串联起一串思想的珍珠：

——景观理念。现代人们崇尚自然，渴望在自然的环境中娱乐、休闲和健身，以获得身心的放松。本方案注重基地景观效果的打造，提升园区的可游性、可赏性。在基地外围绿化以营造整体的生态游乐氛围，各功能区用花卉灌木隔离；大坝坡面用植物造型美化；生态餐厅以绿色景观植物为主，蔬、果、花、草为辅开展植物配置，结合假山、瀑布、小桥流水、竹木亭阁等园林景观，全方位立体展现绿色、优美、宜人的就餐环境；水映山庄采用苏州园林的设计手法，景观的各种要素——水、石、景、境、建筑、地形充分碰撞、融合，在本身成为风景线的同时，也成为最佳观景点。

——文化理念。项目所在地是越剧之乡，具有深厚的戏曲文化积淀；同时基地位于城郊，毗邻乡间村落，洋溢着淳朴的乡村风情。越剧、民俗作为基地的文化资源，是重要的策划素材，通过文化的展示、活化、体验等方式，彰显地域文化，增加游客对当地文化的了解和体悟。越剧具有本地特色，通过专业表演欣赏与业余自唱自乐的结合，使对越剧不同爱好程度、不同欣赏水平的游客都能找到属于自己的乐趣。在四季果园里用园艺造型再现越剧名家的形象，营造园区的文艺气息。在民俗文化的挖掘上，建议洁化、绿化、美化村庄风貌，作为游览环境的一部分。

——商业理念。盈利是该项目开发建设的重要目的之一，也是园区实现可持续发展的经济条件。本项目注重景观的打造、游乐项目的策划，同时科学管理、节约投资、延长旅游产业链、创造旅游消费、产生经济效益也是策划的目标。园区实行免门票制，通过餐饮购物和娱乐收费来获取收益。在保证园区旅游品质的前提下，合理节约投资。餐饮休闲主要设置在生态餐厅；收费娱乐项目主要包括涌浪池、儿童娱乐区内的项目和多人自行车租赁等，并且通过登山游步道、专业越剧表演、灯光秀、四季果园等免费项目降低心理价格，吸引游客前来游玩消费。尽量选择本地建筑和构景材料，水库周边、四季果园少建人工建筑，设置凉棚、草亭、木屋等体现生态、简约的风貌，与自然环境融为一体。

——市场理念。市场是检验策划是否成功的试金石，也是策划的起点和导向。本项目抓住青少年和家庭两个旅游市场，以满足夏季避暑亲水和休闲娱乐为核心价值，形成自身鲜明形象和特色。做足水文章，策划儿童水娱乐项目，打造旱喷、生态湖泊等水景观，使游客的亲水需求膨胀到淋漓，而又满足到极致。

——建筑理念。建筑风格的选择不仅要与基地环境相融合，还要与周边建筑相映衬。基地一派山水田园景象，南面规划建设欧式风情街，东面是乡村民房。生态餐厅采用文洛式玻璃调温室，不仅具有良好的透光效果，而且能使餐厅内保持四季恒温；水映山庄采用江南越乡风格，凸显建筑的园林性和生态性，使之与基地环境和周边建筑风格相协调；越剧广场戏台采用现代中式风格；涌浪池和儿童乐园的服务用房设计注重活泼、热情，与本项目氛围吻合。

浙江 · 狮子山
嬉水谷

项目资料图
General layout

守正出奇

凡战者，以正合，以奇胜，

“四位一体”出奇兵、助出圈。

策略：软硬兼施，打磨不一样的狮子谷

按照五大理念和“立足生态，整合资源，创造新奇”设计原则，蓝图从“毛坯”进入“软硬兼施”的“精装”阶段。

所谓“硬装修”，即空间布局和功能分区。整个空间布局策划以满足旅游者的需求为出发点，追求人文关怀、返璞归真、回归自然的设计理念和线路经营，创造安全、便利、完美、舒适的旅游愉悦环境。

根据基地的资源条件和市场诉求，依循合理、高效利用一切资源的原则，将基地划分为入口广场区和水上娱乐区、森林游憩区、越剧文化体验区、生态餐饮与休闲商务区、生态游乐区五大功能区。

入口广场区位于游客中心北侧，在村庄与沿山大道之间。广场不做立体构筑物，保留广场的开阔，以满足游客集散和公共活动的需要。广场上安置旱喷，既可以作为一处水景，也在夏季带来一处清凉。广场东侧设置生态停车位，为参加儿童娱乐和涌浪项目的游客提供便利。广场是戏水谷入口和交通节点，同时也作为整个戏水谷的“引子”，将游人引入核心景区，将景观高潮留在后面。

水上娱乐区位于入口广场中心左上侧，包括儿童娱乐园和涌浪池两个项目。利用此区块邻近水库的地缘优势，凿池引水，引入涌浪、水滑梯、大喇叭等水上娱乐项目，形成基地水娱乐的核心区。

森林游憩区在涌浪池东侧，山体设置登山游步道，沿途开辟田垄，种植不同种类的果树，增加游客乘凉、观赏、采摘的趣味，打造四季果园。与山下涌浪池、儿童娱乐园形成一高一低、一闹一静、一山一水相互呼应的格局。

越剧文化体验区彰显、活化嵊州越剧文化，通过策划越剧之声、戏曲爱好者天地两个项目，建立越剧文化体验基地，开展越剧文化体验活动，为越剧爱好者提供优秀文化体验资源，为游客增加园区文化内涵。

休闲商务区包括水映山庄和其北面的生态湖泊，以特色餐饮、茶室为主要业态，以生态湖泊、园林式建筑为游客提供休闲式的慢消费体验。

生态游乐区在磨刀坑水库，三面环山，在保护其水质、保持其生态性的前提下，策划游船、垂钓休闲娱乐项。通过环水库平台上花卉、植被的栽植美化环境，通过茶室、观景台、观景亭、休闲廊等人工构筑的设置塑造一处景点和观景点，成为游客置身山水、体悟山水的契合点。

所谓“软装修”，即活动项目策划，我称之为“授之以渔”，是保证游客源源不断涌来的“鱼饵”。主要有儿童乐园、涌浪、四季果园、越剧之声、戏曲爱好者天地、生态餐厅、水库游乐、多人自行车道等 8 个项目。

儿童乐园包括水上和周边陆上娱乐活动，突出多样性和活泼性，受众涵盖青年人。游乐区环境营造以南方海滨为蓝本，四周环绕高大亚热带乔木，依托该背景，布置鲜花、绿叶、水上玩具等，体现既丰富活泼又便于亲水的景观，备感由亲水空间和异地风貌带来的愉悦。岸上有儿童组合滑梯、彩虹滑梯、螺旋滑梯、太空盆、大喇叭，戏水池设置互动水屋。孩子们可在大人的帮助下，自由玩耍，肆意游乐，尽显他们的童真、童趣和童乐。在刺激的游乐和智慧的激荡中，悄悄地拉近孩子和家长之间的情感距离，增强亲情的信任。

涌浪就是俗话说的“无风三尺浪”，取基地左翼中间部位宽约 80 米、长约 90 米的平坦区域打造涌浪区。除利用自然风引起浪潮之外，主要通过人工造浪，根据实际情况模拟自然风力随机，使水面产生时而蜻蜓点水，时而又波涛汹涌，让人望而生畏的不规则浪潮，将涌浪场面“HIGH”到极点。夏季的时候，打造亲水为主的活动场景，营造海滨效果，游客可在此恣意嬉戏，感受与水作乐的快活。在工作人员的协助下，游客还可以以家庭为单位组织团队举行涌浪比赛。春冬季，由于天气严寒，大部分游客不愿亲水，所以可以借助碰碰船、游船等实现两人或者多人嬉戏。风平浪静时，两船碰撞；涌浪来临时，两船共同面对。

四季果园包括果树种植、登山道、园艺观赏。开辟一道道的田垄，种植不同种类的果树，如桃、梨、杏、板栗、樱桃、葡萄、猕猴桃、柑橘等。丰收的季节举办内容不同的采摘节和科普活动周，组织学生参加果树种植和认养活动，鼓励当地农村居民参与果树的栽培种植，吸引嵊州市本地游客在双休日和节假日自驾到基地游玩。游客在闲暇游玩之余可以采摘果实，体验一回做果农的滋味，感受田园带来的乐趣，体验收获的喜悦。在地块与地块交接处形成弯弯折折的“菱边”，自然而然打造登山游线。游客可以拾阶而上，自由随意加入每一个地块的果园采摘中。游线上，每隔一段距离设置一座小型草亭，亭子分为圆亭和方亭。狮子山多木材、火山石，亭子建造可就地取材。在晚上的时候，登山道通过灯光的营造和果园内不同光线的设计，交相呼应形成一道夜幕下亮丽的风景。将植物栽培技术和园林艺术巧妙结合，以越剧名家为原型，塑造“绿色的植物雕塑”和越剧场景，彰显嵊州越剧文化。在地块边缘位置或者是节点等处混合培育花卉以及花灌木等植物，以创设出半自然的花境园林景观。通过对花卉的协调以及搭配种植，实现季节以及色彩等方面的和谐自然，提高四季果园的观赏性。

越剧是中国第二大戏曲剧种、国家级非物质文化遗产，长于抒情，声音优美动听，表演真切动人，极具江南灵秀之气，有广泛的群众基础。嵊州是“百年越剧诞生地”，奠定了基地游乐园区的文化内涵。为凸显对越剧文化的传承，同时满足现代人的审美趣味，越剧之声大舞台戏台建筑采用传统与现代有机结合的现代中式风格。灰色坡屋顶具有浓厚的地域色彩，而现代科技的舞台灯光、音响、LED 显示屏幕等保证了戏台演绎效果。在传统和法定节假日由专业人士演艺曲目，比如《梁山伯与祝英台》《红楼梦》《孔雀东南飞》《西厢记》等，这些戏曲均在国内外获得盛誉，堪称越剧中的经典。其他自由时间可由游客“毛遂自荐”，根据个人爱好和能力登台演唱。戏曲演唱内容不限、曲种不限，目的是求同存异、海纳百川，提倡和鼓励五湖四海的游客都能在此“各显神通”。没有演出时，广场作为公众活动区域。或在夏天的夜晚作为舞蹈广场，或作为举办节庆赛事之地，是园区人气的集聚地。

戏曲爱好者天地用植物花卉加以美化，为戏曲爱好者提供一个生态、绿色的表演和集会场所。开展我教你学、人物故事讲堂等活动，甚至可以组建戏曲爱好者社团，打造成绿荫环绕的林中舞台。

生态餐饮与休闲商务区包括生态湖泊和生态餐厅。在大坝下取土挖湖，打造人工生态水景。以单坡、林地等取代硬质堤岸，水池是自然水底，浮水植物选择荷花、睡莲、芦苇等。游客可观鱼赏花，可体悟小湖清澈宁静的美意。美食是一种吸引力，富有茫茫绿意的原生态就餐环境也能给人带来无限愉悦。生态餐厅倡导休闲理念，通过现代化智能温室和生态自然景观的有机融合，营造舒适、绿色、健康的就餐环境，实现人与景观植物、蔬果作物的共生共荣。内部温度、湿度按照最适合人体健康的条件设置，鲜花、植物在光合作用下形成“富氧环境”；绿意、流水、假山等要素构成四季如春的自然景观，既是餐饮、观景的休闲之地，也是举行婚礼、会议的理想场所。整栋建筑为玻璃温室，如一颗明珠遗落在狮子山脚下。游客置身其中，既可享受眼前景色，也可远望室外风光，更能观赏越剧的唯美典雅。

水库游乐包括游船、垂钓、休闲构筑。游览磨刀坑水库，最妙莫过泛舟湖上。随着船只的移步换景，不同季节、不同时空、不同场景和鱼跃水面、碧波荡漾的自然美景完美无瑕地展现在游客面前。船只类型有画舫、休闲船、自开船、手划船等，并供应点心和饮料。建造垂钓台，清浊沉浮随竿扬，闲钓千重浪，游客在欣赏湖光山色的秀丽美景、领略垂钓带来乐趣的同时，空气浴、日光浴也是愉悦的享受。游客垂钓所得可放生，也可按规定的价格购买带回。

休闲构筑包括茶室、观景台、观景亭、休闲廊、吊索桥等，取材木、竹、草。水库周边平台绿荫、花卉、草坪簇拥，亭、台、廊、室点缀其间，与山水风光融为一体。漫步、品茶、观景，游客本身也成为这高山平湖中的一景。

多人自行车道宽约5米，起于入口广场，经儿童乐园、涌浪池、越剧广场、四季果园形成环线，同时用作消防通道。多人自行车道两旁种植乔木，在空间上与主题活动区域形成一定的隔离而又能串联起各个娱乐项目。游客可以家庭或团体为单位，向服务区租赁多人自行车。在园区悠闲骑行，既赏美景又健身，自由惬意。

5大分区的“硬装修”和8个项目的“软装修”，共同形成一个新奇旅游项目的完美生态闭环，使狮子山戏水谷从杭绍甬旅游市场中脱颖而出，成为独树一帜的“后起之秀”。

【策划札记】/Notes

资源·产品·市场·战略 “四位一体”出奇兵

策划狮子山戏水谷旅游项目“出奇制胜”的四点心得：

一是重新审视资源，明确发展方向。一般说来，主题是对现实的观察、体验、分析、研究以及对客观环境的处理、提炼而得出的思想结晶，是事物发展变化所体现出来的主要形态。在旅游战略策划中，“定主题”解决的主要是旅游发展的中心思想问题，是对旅游发展形态的界定和确立。就像一本书、一篇文章一定要有中心思想一样，旅游项目的策划也需有主线和“灵魂”贯穿始终，即发展方向和主要定位。从大局出发，可以使旅游项目的发展避免盲目性，增强区域竞争力。不谋全局，不足以谋一域。

二是构建产品体系，策划重大项目。定主题之后，稍有不慎，便会形成“处处游乐、处处体验”的局面。选取具有代表性的项目作为突破口，集中资源优先建设。将“中心开花，重点突破”

的产品体系构建策略发挥到极致，通过“名菜、特色菜”共同支撑起嵊州狮子山这桌文化盛宴。立足生态，整合资源，策划水上、陆上、山上立体空间旅游产品，构建水娱乐、夜休闲旅游产品体系；白天刺激玩，晚上休闲游，丰富旅游体验；推出节庆赛事，积聚人气，活跃区域氛围。

三是发掘新兴市场，创新营销模式。旅游市场促销的形式应是多样化、多角度的。针对狮子山戏水谷的目标市场，不仅要强化景区景点的宣传，更要强化形象的宣传和市场促销，以扩大旅游市场份额。把握自驾游和家庭游市场发展趋势，满足人们亲水、亲自然、追求身心放松、天伦之乐的旅游需求，形成核心吸引力。在营销方式的上，构建人员促销与公关、广告宣传、营业推广等传统营销结合的体系。同时，策划举办节庆赛事、征集旅游形象标识等专题营销，实现全民参与，成为讨论的热点，以最小的成本产生最大的营销效益。

四是制定发展战略，保障持续发展。遵循旅游业自身发展规律，充分考虑旅游资源、市场需求、配套设施、营销推广等各方面的因素，制定发展战略，从宏观性、区域性、动态性、综合性的角度指导狮子山旅游的开发建设，保障其可持续发展。

浙江·狮子山 嬉水谷 效果图 Design sketch

陕北·安定古镇：
"您平安，我心定"的黄土江南

这黄土、高坡、窑洞，
这蓝天、大雪、溪流……我，只在张望、凝视；
那老脸、笑容、善目，
那暖炕、热茶、素面……我，继而展眉、欣喜；
当想到：腰鼓、唢呐、窑窟、菩萨、苹果、安定、虔诚……
我，终于开始激动……
而现在：我，真是信心满满……

“圣地”沉思

是什么，让我激动不已？是什么，给我信心满满？

陕西省子长县安定镇。

从“安定寨”到“安定堡”再到“安定县”，千年来历代朝廷希望这地方平安稳定。1942 年，为纪念陕北红军和苏区主要创建人谢子长，安定县改名子长县，子长县位于安定镇。

这是黄土高原上一个不起眼的小镇，跟陕北一带众多小镇一样，街道灰头土脸，房屋低矮破旧。镇内，存留有清代的窑洞小院和民国衙门旧址，破败不堪，亟待修复；镇外，夯土的明代城墙外砖石，残垣上长满荒草。

这又是一个了不起的古镇，自隋唐起即为边关要塞，素有“边镇之咽喉，西塞之要径，秦关之咽喉”之称誉，是中国丝绸之路北线必经之道。抗日战争时期，这里是闻名全国的“红色圣地”。境内有“人间圣地”之称的钟山石窟，被中外专家誉为“中国第二个敦煌”“独一无二的历史存在”。

2013 年，安定镇被陕西省委、省政府确定为全省 31 个文化旅游名镇之一。自 2013 年 9 月以来，全镇以恢复古镇原貌为目标，将各种资金捆绑建成了 1 个新区，把村民全部移至新区居住。2017 年是子长县文化旅游提升年，安定古镇建设将全面进入拆迁修复阶段。

安定将修复成一个怎样的古镇？修复后的旅游产业如何发展？当地政府亟需高手指点。

在此背景下，2017 年年初，我率团队入驻安定，着手制订《安定古镇旅游策划方案》。

多少次日出黄昏，我在秀延河畔的街巷踱步，观察，沉思：未来的安定古镇，在中国的旅游版图上，能占据一个怎样的位置？

以安定镇为中心，周边 400 千米范围，红色、观光、休闲、度假、人文、美食……有主题众多、特色各异的古镇景区。安定如何突破沿途那些景点的“层层封锁”，脱颖而出成为目的地？

国内古镇旅游开发众多，浙江的乌镇、江苏的周庄、江西的婺源、湖南的凤凰、云南的大理和丽江……早已牢牢地占据在“一生不能不游的最美古镇”排行榜上，后来者安定古镇还能够在市场上分一杯羹吗？

青衫隐风华落，挑灯回看，看尽繁华古镇；红袖添香云起，拈花长望，望穿江南鸦桥。

“小城故事多”。属于安定古镇的故事是什么？红色（陕北根据地）？黄色（黄土高原）？古色（陕北目前保存最好的宋明古镇）？

安定古镇离不开这“三原色”。但是，红色圣地延安、黄土地上的安塞腰鼓、千年古都西安等一线品牌资源环绕四周，使安定的旅游资源相形见绌，失色不少。直接 PK 这些旅游大 IP，显然是不理智的。安定古镇要突出重围，必须树立属于自己的、不可复制的、不可替代的品牌形象。

我们的核心吸引力是什么？矿产资源、文化资源、历史资源、人文资源、美食小吃、地方戏曲、钟山石窟、庙宇文化……一应俱全。但是，靠这些，够吗?

回答是肯定的：不够!

怎么才够?

应该是真正触及心灵的信念文化!

如，“梦里老家”婺源。

如，“心灵净土”西藏。

用一个触动灵魂的、凝聚情感的、个个期盼的、人人祝愿的词，就让人怎么也忘不了这个地方。

我的目光又回到古镇的名字上：安定。

灵感刹那闪现：这不就是我苦苦求索的那个词吗?

——“你平安，我心定!”

当今世界与将来一个历史时期，人们追求生活美满的两大目标，即是“健康”与“平安”。“你平安，我心定”，将成为人间最简单的祈福、最深刻的牵挂、最诚挚的关系。

钟山石窟内菩萨赐平安；红军打江山为人民生活安定；陕西苹果的平安寓意；“祈安与心定”是现代旅游主要诉求之一……战略定位迅即确立：“圣地平安游度假心体验”，打造以“祈安与心定”为核心主题的历史与现代交融的文化体验区，开创陕北旅游发展新篇章。换言之，即以“你平安，我心定”作为核心的品牌诉求，以中国首创·圣地祈安文化旅游区为核心主张，打造平安元素的黄土江南，彰显文化、休闲、体验、度假为主题的旅游目的地。

思路顿时打开。

“祈安与心定”：三个支撑点与一个引爆点

主题确定之后，我们有针对性地从项目资源本身进行元素的发掘、发现、发挥、发展，进而延伸、拓展、丰富主题形象内涵。

支撑点一：石宫寺祈安秘境——石宫寺内菩萨赐平安的传说，营造祈安圣地。

石宫寺由来之传奇，只要能说好就能触动人们心弦。挖掘、提升、讲好关于菩萨保平安的故事，石宫寺的声誉就会出现一个质的飞跃，将成为全国人们祈福平安的圣地。

传说从前有个员外家的放羊娃，听得山上有锤钻凿石的叮当声响，又听有人问：“娃，山丹丹花开了没有？”其声音似来自旷野山谷，又似来自地底深处。当放羊娃回答“山丹丹花开了”的时候，忽然一阵巨响，有山崩地裂之势，即冒出一股青烟，一群工匠驾烟直上，随后现出石窟，窟内场面富丽，石佛形象各异，千姿百态，有鬼斧神工之妙。此乃石宫寺之由来。

东晋太和年间，司马皇帝梦见终南山顶一位老者告诉他：“上郡安定堡有钟山一石，凿窟雕佛成千万，方可祈来佛光普照太平人间。”于是，皇帝便命大臣精选石匠雕佛十万尊，以求人民安乐。总设计赵信带领五千石匠不知干了多少年，直到释迦摩尼告知他须向放羊娃喊问“马兰花开否”？放羊娃应了问话时，石崖间飞起一块巨石，掘开一个洞口，赵信才得以返乡。此乃万佛洞的由来。

如此宝地，旅游策划岂可放过。钟山石窟的神奇故事，彰显了石窟内菩萨的佛法无边，借此，可构筑一个人们祈福求安广场。将石宫寺由来的传说、万佛洞由来的传说演绎成为祈安、祈福大小节日活动，并创意设计新的活动模式，增加圣水池、圣井、护院树、一棵奇树枯而复活的祭奠活动。传颂释迦牟尼横三世佛、迦叶和阿难、文殊和普贤、涅槃太子、千手观音、太上老君、关圣帝君、十六罗汉、一佛二弟子图、卜命佛像为民排忧解难的故事，编成小剧演出，并根据故事设计制作雕塑群，进行渲染。

从石窟秘境衍生出来祈安活动，这就是我们的“持异四法”：讲好故事，感动人心；策划活动，创新节庆；融合宗教文化，增强人们信仰；故事编成短剧，人民喜闻乐见。

但这些还不够。

中国人出游，喜欢到处题字“到此一游”，于是就有景区有意设置许愿树、祝福墙、连心桥之类的景点，满足人们的表达欲望。面对祈安圣地，我们运用“持异”思维，提出了“私家佛窟定制群”的大胆构想！

具体做法是：针对高端客户需求，开发新石窟区，引导客户定制建设私家洞窟，便于全家及世代供奉。总计 99 个窟，分阶段开发，设置不同区位、大小、石刻工艺等，按区位定价。以石刻艺术表达为家、家族“祈安”的意愿，世代供养延续。

当然，钟山石窟是全国重点文物保护单位，不能“太岁头上动土”，但可以在保护区外的对面山体上，从前山往后延伸建造，既增加未来艺术价值，又拓展景区空间。

以人们的“祈安”心愿为核心，一个点子链接了历史与未来，可形成景区独一无二的亮点。

支撑点二：子长红色灯楼——安定生活来之不易，我们珍惜，我们祈安。

煤油灯下，谢子长和全国的先辈一样，通宵达旦地研究作战方针，制订歼敌方案，描绘革命蓝图。见到这盏灯，多少战士浴血奋战的镜头像电影一样展现在我们眼前。因此，“煤油灯”是最好的纪念。“煤油灯”时时提示我们：今天的“安定”生活来之不易，我们必须珍惜。在前行的道路上，心中都点亮一盏“明灯”。“煤油灯”将激励新一代人努力奋斗，去实现“中国梦”。

这一规划将具有设计专利的煤油灯造型建筑——子长红色灯楼建成安定古堡这一地标性建筑。“煤油灯”坐落在秀延河北侧的山峦之上，建筑占地面积110平方米，建筑总面积480平方米，基层为红色物品陈列室，中部为红军餐厅，上层为红星文化茶吧，两侧为观光电梯与步行梯。

夜幕降临，“煤油灯”内外，灯光交相辉映，璀璨无比，如若倒影在秀延河水波上，更是光彩夺目。

“煤油灯”是安定最美的风景，也是安定的镇堡之宝。

在这里，群众和游客共同唱起《灯楼之歌》：

那岁月　将军桌上点起油灯一盏
红旗指处　敌顽丧胆
那岁月　战士心中常亮明灯一盏
号角响起　捷报频传
而如今　子长县里规划灯楼一座
安定生活　不忘先贤
而如今　古堡城边建造灯塔一座
中国梦想奋发向前
啊　昔日的煤油灯　今天的灯塔楼
前赴后继　只为祖国更美好的明天

这个子项目配套策划两大平台——创建“红色文化安定古堡群”和“子长战友红色后代群”；举办三大活动：公益发展全国或者当地的社会组织、协会、知名人士、革命老军举办“红色文化纪念品创意活动”（如煤油灯笼，逢节必挂）；一年一次的“红色文化美食节”活动；一年一度的摄影大赛在灯楼顶上拍摄春、夏、秋、冬“安定之美”。

一幢建筑，两大平台，三大活动，带给世人不一样的“圣地”新感觉。

支撑点三：创意研发“安氏”产品系列。

传统“安氏”旅游产品系列如下：

一是民俗文化——唢呐吹奏的平安乐曲；腰鼓队排成的平安字样；民间习俗过的平安夜；象征平安的花和树；平安符标志的食品；特别设计的平安礼品等。

二是美食文化——创新一些不仅好看、好吃，还有一定寓意的食品（如有“平安”字符的板糕）。

三是庙宇文化——古堡老街上的三个庙宇，其商业业态虽然各有侧重，但是“祈安”的特点是一致的。

四是古堡老街——老街上处处洋溢着“安”“吉”“福”的气息。

五是陕西苹果——“平安”字符表达；“一亩三分”苹果园的认养。大家都说，陕西的苹果不错，而恰在陕北有个“安定镇”——“你平安，我心定”，巧与苹果的寓意相互呼应，可借题发挥。五管齐下，大众造势，万众渲染。

在传统的基础上，创新怎么做？创新“安氏”旅游产品系列：打造安定品牌，设计、注册一个“安氏”商标，组织创意研发“安氏”系列产品、商品，如“安全”防护用品、“安康”健康食品、“安顺”交通工具、“安好”祈福物件、“安福”营养制品、“安吉”宗教活动、“安定”居住设施，等等，形成“安氏”产品联盟，搭建平台，品牌输出，可联合其他企业共同经营，做大旅游产品市场。

做好三个支撑点，还需要一个引爆点。

旅游是休闲产业，那么就必须研究一个问题：中国人什么时候最闲？辞旧迎新的春节期间！中国人的新年是个大长假，是一年的生活高潮期。新年的前 20 天就准备年货；15 天后还在热热闹闹“闹元宵”。

人们纷纷“北上赏雪，南下避寒”，度过一个美好的春节。

“新年游”，是一个大市场。

而地处中部，且又偏西的陕北安定古堡，又将如何迎聚游客，引爆景点呢？

我们寻找一个击发点，一个“说头”。

我们策划一场全国范围内的头脑风暴：我为安定过大年出良策。

由此，媒体，争相报道；舆论，四处传言；微信，信息刷屏。

最终主题出炉：“红红火火过个安定年”！

“新年游”，氛围是第一位的。以陕北热情火爆的民俗风情、丰富有机的物产美食、雄浑壮观的地脉风貌、丰富多彩的节庆活动，营造一个浓浓的“年味”，让游客在此欢天喜地过个年。

新年游——安定游。

“我爱古堡老街”策划

在“祈安与心定”主题指引之下，我们将古镇区域规划为古堡街区、禅意文化体验区、生态农业观光区、健身快乐运动区、有机苹果种植区等五大功能分区，形成“一心（古堡老街）、一带（水岸风光发展轴）、四园（禅意文化体验园、生态农业观光园、健身快乐运动园、有机苹果种植园）”的空间布局结构，其中古堡老街区是核心之核心。

古堡老街，包括西门广场、南仓、老县衙广场、文庙广场、传统街区、旅游购物中心、东门广场。这一区域，是旅游景区的游客集散中心、游览中心、购物中心。在深挖历史文化底蕴的基础上，运用现代创意文化产业思维，我们对产业布局进行规划。

产业布局思路

“三大庙”——关帝庙、文庙、城隍庙，侧重规划，各具产业重点、特色；

“八大户”——师、史、贾、郭、王、张、姜，谢（子长饭庄），个性布局私房菜、独家品牌商品；

“八号供销社”——创意仓库，唤起旧时的回忆；

“特色商户”——混搭设计，古今交融、中西合璧。

业态主题中融入安定“安”“吉”“福”的文化氛围，运用古城独有的“八大户”“三大庙”以及反映古镇经典生活剪影的“五大巷”，策划出以“祈安与心定”为核心主题的历史与现代交融的文化体验的古城业态。

功能分区及业态定位

民俗文化体验区：通过打造五大巷，即茶牌铺巷子、剪纸铺巷子、铁木器铺巷子、理发铺巷子，还有汉隶艺术馆、古代衙署表演、陕北说书、秦腔、陕北道情、艺术家工作室、儒家国学教育馆、红色文化精品馆、特色民宿，全面还原古城黄河流域的历史文化。

特色小吃区：主要涵盖了各类民俗作坊、安定特色小吃及各类秦晋面食主题餐厅，旨在打造民俗特色美食、陕北民俗文化体验区。

休闲娱乐区：该区包含古窑 VR 体验馆、养生 SPA、掏耳朵、鱼疗馆、无人观光车、秧歌、腰鼓、唢呐、信天游表演、画像素描、桌球吧，展现出古今交融的文化生活。

风情购物区：主要打造包罗万象的旅游风情购物区，包含各类“安”氏产品，各类工艺品、民俗艺术品、民俗特色服饰、古玩字画、布料印染坊，体现安定古城“安”“吉”“福”文化氛围。

流动彩车区：通过民俗摆件、掏耳朵、杂耍、流浪歌手等，增加古城惬意的生活气息。

酒店和主题客栈区：设置八大户主题窑居、特色商务酒店、主题青年旅社、特色民宿，形成不同的消费体验。

“持异”思维设计项目特色

“三大庙”是安定古堡公共活动的三大经典代表，也是最大的公共活动中心。我们设计关帝庙侧重祈福、祈安类活动，文庙侧重学习、礼仪类活动，城隍庙侧重美食、小吃类店铺。“三大庙”虽然在规划的产业、策划的活动上各有侧重，但有一个共性，即尽量往“祈安”“祈福”这个主题靠。只有做好了“祈安福”的文章，安定古堡才有足够的魅力吸引全国各地的游客前来，而“三大庙”担当了至关重要的角色。

“八大户”是安定古堡历史上的名家大院，有着独特的地位和品位。其在建筑、宅院的设计上，在民俗、家风的传承上，在饮食、服饰的个性上都有不可多得的特色。我们充分利用这些大户“私家独有”的东西，打造古堡街区的消费亮点，这是十分重要的策略。分别以“八大户”为单元核心，门面按照店招一铺一式、店旗一家一色、灯笼一店一字（如“郭记大菜”“贾氏大饼”）的思路进行个性布局、连铺设计，“八大姓”邻近的店铺与“大户人家”品牌一致，以利扩大大户人家的品质影响力。

因“八大户”各有其不同的产业，在尊重原产业的前提下，挖掘、创意新的旅游产品、项目、商品，是有积极意义的。特别是开发新的产业链，将收获匪浅。按姓氏进行独家业态设计：师家楼院为芝兰居、雅舍民宿、平安主题窑居，郭家大院为郭老婆豆腐、民国主题古窑居；史家楼院为丝绸之路特色文创商品店、童沁古窑居；京官大院为古窑式书院、江南主题窑居；王家大院为古窑昱栈民宿、吉祥花语主题窑居；张家大甸院为名医张文华中医馆、亲子主题窑居；贾家大院为古窑国际品牌咖啡馆、原生态古窑居；姜家大院为古窑式青年旅舍、福临主题窑居，另外将谢子长十二连连部驻地设为红色文化文创馆。同时，在运营过程中，讲好“八大户”的精彩故事，引古说今，增强商品感染力。

“八号供销社”，将镇合作社翻新为创意仓库，定位为独具计划经济时代风的时尚创意基地。保存合作社原有外观风貌；内部应用老合作社时期的装饰布置；复活计划经济时代的“凭票消费”消费方式。一是仓储公社，形成开放型创意工作室，打造劳动人民的智慧作品的展示空间；配套艺术家与游客自由交流的创意休憩空间体验休闲吧，有听的，看的，吃的，玩的，多样化游客体验。二是“老粮票”创意时空，收集各种计划经济时期的旧物件、符号，打造消费型创意空间。

主街结合陕西美食和建筑特色，打造当地美食品牌（如知名大家族私房菜系），引入知名品牌（如“窑洞里的星巴克”等），特别是对窑洞特色情有独钟的小众，打造逼格类品牌。

五大巷一条巷子一个主题，打造铁器铺、剪纸铺、木器铺、理发铺、茶牌铺、烤酒铺六大老手工铺子，找寻古镇经典的生活剪影，寻找一种方式留下那些逐渐失去的生活。

十大策划

绘形容易绘神难。古镇的神韵通过什么来描绘打造、推广传播出来呢?

为此我们推出“我爱古堡老街”十大策划:

其一，“不落俗套”的经营。如今的古镇、特色小镇、美丽乡镇遍地都是，虽各有其经营之道，但同质化严重，你学我，我抄他，产品、商品特色难以凸显。古堡老街的产业在做好“精细”的同时，必须十分强调概念，逢人便讲“三大庙”“八大户”的优势。要抓住游客的“胃”，要先抓住游客的“心”。

其二，“富有生命力”的发展之本。古堡老街的经营，不能只抓商铺的管理，成立一个“产业、商品创意设计小组”是保证古堡老街持续发展的根本，特别围绕“祈安”这个主题的文创产品。好好想象一下，仔细体味一下，古堡老街如果处处洋溢着“安”“吉”“福”的气氛，那是一个何等动人的场景。这要形成经营特色。招商就是要抓住这一特色。

其三，“陶公业”的经营之术。修旧如旧地修复陶朱公故居，陈列、展示相关物件，反映主人的文化倾向，学习其经营之术。有一名联“五湖寄迹陶公业，四海交游晏子风”，横批“广交善贾”。上联的意思是说，像托身五湖经商致富的陶朱公那样经营商业；下联的意思是说，像晏子善交朋友那样，有结交天下朋友的风度；横批的意思是说，广交朋友，善于经商。总的意思是说，即是既要善做买卖又要善交朋友。

其四，“娱不绝”。古堡老街有寺庙广场等多个活动空间，与当地历史文化相结合，策划定点表演（广场）、流动表演（街头、景点）、互动表演（给游客传教演艺，与游客混搭组建演出队，建立“安定古堡娱乐微信群”相约下次同来）等，发布信息，邀请词作家根据陕北民歌曲调创作关于“祈安”的表演曲目，让游客在老街上游览时，有意识地观赏和无意识地融入，激发起其情景感和带入感。“一不小心，就入了戏”。

其五，“行有趣”。古堡老街的外出通道口设置多个“驿站”，配备越野车、卡丁车、多人自行车、马车、驴车等，游客可以自行选择，前往邻近山地游玩，前去走“平安桥”采“平安果”，其乐无穷。

其六，“宿有类”。强调传统的石窟特色，传承窑洞文化。按照安定古镇不同风格的建筑特色，针对游客旅行中不同的休憩目的，划分不同类别和档次的居住区。普通类的窑洞民居，如家庭旅馆、青年旅馆；主题类的大家院落，如江南主题、民国主题，人民公社主题的窑居；高端类的最高地——安定驿站，发挥其最高地地理优势，集住宿、会务一体；心灵类的黄土江南——避山居，发挥其与古城中心区的距离优势，黄土高坡处的静心之所，河岸古树，桃林漫漫，追寻内心最后的净土；特殊类的修禅人士专享禅修宫，政府接待及会议会务场所“安定驿站”，等等。

其七，“创有新”。古堡老街成立“创客吧”，所有人的智慧、技能和天赋，借助于现代科技手段对文化资源、文化用品进行创造与提升。哪怕是一件小物品、一道菜、一家店、一个活动，作为子长旅游经济的延展，真正成为古堡旅游度假区区别于竞争对手的重要元素之一。同时，充分发掘和发扬陕北民俗特俗，以腰鼓、唢呐、道琴、秧歌、说书、剪纸，灯笼等为特色，发起“我为安定过年献良策”活动，优秀者有奖。

其八，“空中看”。变平面观景为垂直面观景，打造空中观看黄土高坡，鸟瞰古堡等，打造提升安定古堡的品牌知名度。成为陕西省内第一家低空飞行与全景VR示范区，以极致的感官体验吸引游客。

其九，“旅游VR”。2016年12月27日，国务院印发《“十三五”国家信息化规划》，指出“十三五”时期是信息通信技术变革实现新突破的发轫阶段，是数字红利充分释放的扩展阶段，规划在第四部分重大任务和重点工程中指出，要强化战略性前沿技术超前布局，包括加强量子通信、未来网络、类脑计算、人工智能、全息显示、虚拟现实、大数据认知分析、新型非易失性存储、无人驾驶交通工具、区块链、基因编辑等新技术基础研发和前沿布局，构筑新赛场先发主导优势。也就是说，VR/AR技术正式被列入“十三五”信息化规划中，安定古堡也需要关注其应用并及早布局。

其十，“乐共享”。古堡老街开设微电影拍摄、制作公司、影视拍摄基地、旅游制景装修公司等经营单位为游客服务，让游客能够把在安定古堡的旅游活动、祈安活动的精彩画面与亲人、朋友分享。

形神俱备，爱在古堡。

解密石窟祈安秘境

“祈安与心定”主题演绎，古堡老街是核心发力点，钟山石窟是价值提升点。

安定镇外，秀延河畔，有山巍然，若巨钟倒扣，名曰“钟山”。钟山石窟建于西晋太和年间（336—370），历经唐、宋、金、元、明、清等千余年凿建而成，又名“普济院”“普济寺”“石宫寺”“万佛岩”，属全国重点文物保护单位，被称为陕西四大石窟之首，更有学者将其称为“敦煌第二”。

整个石窟依山而建，坐北向南，东接清风明月戏楼，南临秀延河水，西眺安定故城，为典型的纵轴式布局佛寺，是中国丝绸之路北线必经之道，一度北辖葭州，南统骊山，成为方圆数百里群众宗教文化生活的圣地。石窟经历代修葺，共十八窟，现仅发掘五窟，目前供游人参观的是保存最为完整的中窟，其内有大小佛像一万多尊，都是连石雕刻，其手法细腻、形象生动、鬼斧神工，堪称国宝，人称万佛岩。

以此为基础，我们规划设计了禅意文化体验园。

钟山一带祥云灵气长年弥漫，安定古堡气象万千。我们对应每一个“石窟秘境”，规划一处“禅意文化体验区”，通过氛围渲染、祭奠祈安、修身养性、礼品展陈，营造来安定就是“祈安”的文化氛围。望一片素云懂彩霞，知意画潇洒，闻一朵春桃赏绿叶，禅意看花落。

禅意文化体验园包括钟山广场、萧寺宫、博物馆、石宫寺、塔林、祖师山山门广场、祖师山山神庙、祖师山大殿。我们运用“对应”“呼应”“联动”“延伸”四策，将传统宗教的“人间圣地”打造成现代旅游的“祈安秘境”。

对应之一：私家定制。在保护区外的对面山体上，传说中的放羊娃放羊之处规划“私家佛窟定制群”，从前山往后延伸建造，以石刻艺术表达对家、家族“祈安”意愿，世代供养延续，增加艺术价值，拓展景区空间。针对高端客户需求，开发新石窟区，引导客户定制建设私家洞窟，便于全家及世代供奉。总计99个窟，分阶段开发，设置不同区位、大小，石刻工艺等，按区位定价。

对应之二：祈安众佛。钟山石窟，有消灾降福、拯救万民的众佛像。如为众生指路的释加牟尼及其侍者阿难，如象征智慧的文殊，如大慈大悲、保佑人们度过难关的千手观音。还有中国特有的太上老君、关圣帝，以及《安定县志》载的“一佛二弟子”等。

呼应之一：圣水塔。一号窟有个水池，水质清冽透彻，人们无论怎样用水，水位一点不降。那些祈求儿女的人们也不辞千里迢迢，饮一瓢圣水、点两炷文香、燃几张黄纸、许几番心愿，求儿求女，祛病强身。传说郭九成佛前焚香连抽三道签，根据佛祖指示在一棵新生长的菩提幼树旁画圆打井。打井异常困难，在再一次抽得一大吉签为“心想事成”的鼓励下，终于打出的井泉涌如喷。水有灵气，是智慧的象征；尤其在陕北，特别珍贵；而钟山石窟的“水池”与“井”乃神圣之物。规划设计一座“圣水塔”，其水源于“圣水池”与“圣井”，供游客祈福求安，使整个区域产生灵动；增加神圣之感。

呼应之二：奇树祭坛。1990 年，石宫寺院内石墙下奇迹般地长出一棵像菩提树的树。2000 年，这棵树开出黄花，令人称奇的是杜仲树和火炬树这些热带植物也在这里生长，共有五十多棵，长在墙根下，长在石缝间，长在松柏树下，与松柏相拥相抱构成了独特的风景。

联动：在钟山右侧，广场深处建造一个“禅行平安宫”，建造禅房（四星级宾馆标准）、禅修室、抄经室、膳房、讲堂等，将钟山石窟的佛文化，安定古堡的平安主题相互融会贯通。修建禅修专门场所，邀约知名住持入驻，为石窟供养客户及禅修游客提供服务。

延伸：在石窟西侧，修建置于石窟文化氛围中的居士修禅林、修心居。按照“曲径通幽处，禅房花木深”的意境，修建多栋掩映于果树林之间的独栋简约别致的林间木屋禅房，为居士闭关坐禅、静修、参禅、悟禅以通心智之所。不定期举办禅意文化体验“祝安祈定”禅修营活动，主推“禅修八部曲”静心修心：打坐——朝向内心的探索；经行——练习走路的禅定；茶话——打破尘俗的隔膜；禅学——打开心灵的枷锁；小参——向禅修导师请益；祈安——遥祝亲人的平安；心定——祝愿自身的安全；叩钟——涤荡心灵的积垢。

石窟秘境，祈安秘境。人在安定，我心安定。

一个可以“白日做梦”的古堡

景区规划为静，静而思远；营销策划为动，动而进取。动静相宜，行之千里。

谋定而后动。下一个问题是：如何动？

综合项目的品牌诉求、目标人群、借势传播、推广方式、主题活动诸要素，我们精心策划了“民俗旅游——安定过大年”“祈安、送福——庙会嘉年华”“塞北江南——亲子、采摘休闲度假游”“禅定——修禅静心之旅”“沙动——沙地越野挑战赛”“最后的黄土文化——陕北民俗 / 人文摄影采风之旅”六大主题营销推广活动，并通过一系列阶段性推广活动引爆：

——开街（不局限于开街）新闻发布会。面向政府领导、各大媒体、各旅行社负责人、旅行达人、重点商户进行产品亮相以及推介，在各大传统媒体和新媒体上进行系列软文推送，加强品牌宣传，推广项目影响力，增强意向客户信心。

——陕北古建高峰论坛（中国窑居文化高峰论坛）。成立中国黄土文化（建筑）交流协会，邀请国内著名访谈类主持人，与大学教授、古建筑大师、非遗继承人、行业意见领袖等共同解析中国黄土文化与陕北古建筑文化旅游结合之道。制造新闻点，以社会舆论进入市场，引起市场的高度关注。

——陕北美食体验月。“寄予流轩，月下未殇。”开业期间，选择美食媒体、文化名人、网络“大V”、网红等到各店品尝美食，并配发图片文字进行传播。

——一个可以“白日做梦”的古堡。在西北地区范围内募集有创业梦想者，选拔最有创意的商品或服务、商业零售等项目。参赛选手提交商业创意项目，被分成若干组，以抽签形式决定组队，以团队形式在规定的时间内完成各类商业任务，总共进行三轮淘汰赛，从而考察商业项目独特的创意性和创业者所必须具备的素质。邀请社会知名人士和大众评审，选出赛事一、二、三等奖，获奖选手进驻安定古镇给予1～3年的商铺免租奖励。参赛选手可以通过网络为自己的项目拉票，同时赛事在微信、微博进行互动，通过“裂变式传播”放大宣传效果。

——“微电影”赛。与电视节目合作热播节目，如“爸爸去哪儿”“奔跑吧，兄弟”等，使黄土文化、陕北民俗、美食、窑居建筑、民间艺术、休闲度假等属性融会贯通。

……

客从远方来，行居于此——祈安约定“安定古堡”。

你，约吗?

[策划札记]/Notes

关于“旅游+”的发散性思维

在《安定古镇旅游策划方案》中，我始终坚持“跳出旅游看旅游”，用文化大视野审视项目，围绕“古堡特色”和“产城融合”思路，打造四大关联产业链，从而获得更广阔的规划策划空间。项目最终以安定古堡为基础，以钟山石窟为依托，利用现有先天资源条件，打造独特的陕北黄土文化，把古镇发展成为陕北最具吸引力的集旅游、观光、运动、体验、研学、休闲、度假胜地。

安定古镇旅游产业规划引申出来四大关联产业链，就是4个“旅游+”课题。

其一，旅游+平安文化。通过融合项目、平台、活动和载体，通过古镇的营销将安定古堡打造成特色高地，利用菩萨赐平安的传说营造祈安圣地，特别设计石窟秘境，打造出西北地区一流的文化产业链，把石窟文化资源、平安文化概念转化为资源优势和产业优势，举办有一定影响力的论坛，提高知名度。

其二，旅游 + 农业。文化创意 + 农业是一种与当地特色文化资源、城市市场消费需求、科学技术、产品载体、人文环境、创意人才等有机衔接和融合的综合农业复合体。

其三，旅游 + 文创产业。面对中青年创业创新者，吸引和培育创业氛围，推进古堡与周边园区一体化。譬如在镇区南侧山顶规划面积 1000 ～ 2000 公顷的“苹果主题园”，设计大小有别、形状各异、图案精美、活动丰富的苹果构筑。“苹果主题园”构筑坐落的山与北门、小龙王庙在一个中轴线上（风水之福线）；将小龙王庙扩大，成为人们祈安之处；两侧特卖“平安果”及苹果加工品专场，配套苹果主题餐厅、宾馆、果茶吧，苹果延伸创意产品、高端土特产品等业态，形成一个全新的“创意工场”。“大苹果”将是安定人心中的“安福”之星。

其四，旅游 + 健康养生。面对中老年消费者，吸引优秀的保健品品牌和康养服务机构入驻。

这四个“旅游 +”只能算开题，在“持异”“创意”思维主导下的，我们还可以做更多的加法。旅游是一个开放型的行业，创意无止境，更好的策划案，永远是“下一个”！

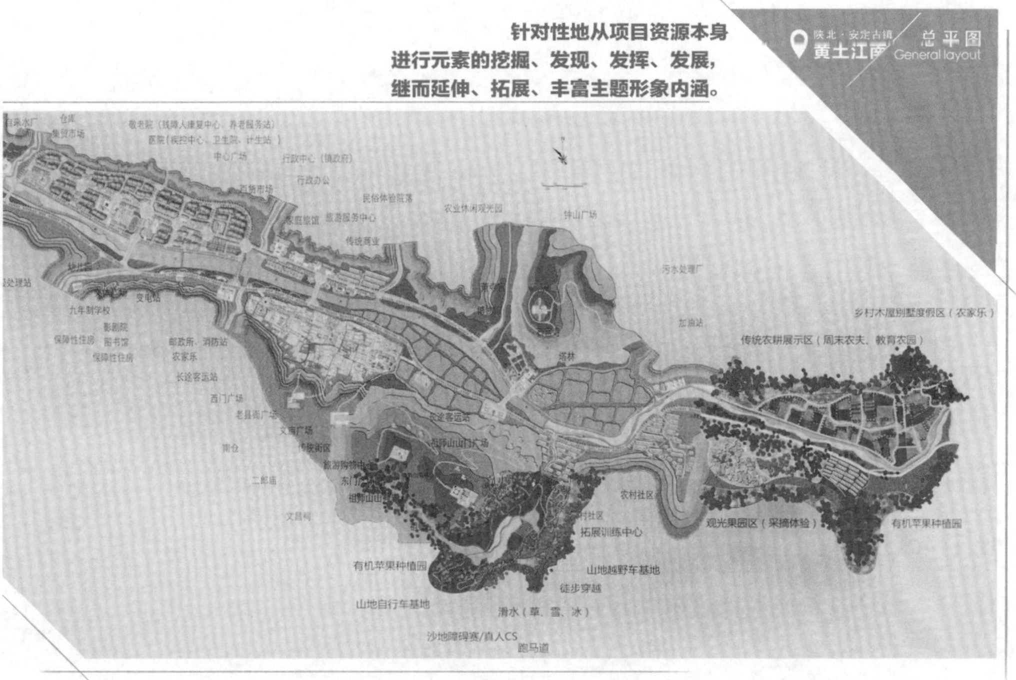

中篇 / Part 02

糅合·创新出品

将文化的、
物件的、
形象的资源进行有效组合进行设计。

旅游策划要学会用加法，“1+1 > 2”的加法。

把“=”变为“>”，靠的就是糅合中的创新。

在旅规实践中，我有一个形象的比喻：做规划策划方案的过程就是和面的过程，项目自身文化的、物件的、形象的资源都是面粉，策划师的创新思维是发酵粉，只有充分糅合，互相渗透，相融相生，才能做成面包、馒头、花卷等各种美食。

一个美味的面点，绝不是简单的“面粉 + 发酵粉”的产物，揉面功夫很重要。

一个成功的景区，需要天生丽质的风景，更需要“点石成金”的亮点。

一个好的旅游策划“金点子”，可以把墓园变为公园，可以把酒窖变为创意基地，可以把茶乡变为度假小镇……

万丈红尘三杯酒，千秋大业一壶茶。

契合。糅合。融合。

苏州·唐寅园：
一树菩提一烟霞

引述一段畅销书《明朝那些事儿》中的文字——

这个世界上存在着一种奇特的人，他们似乎不需要悬梁刺股、凿壁借光就能学富五车、纵论古今，唐寅就是一个这样的人。

桃花坞里桃花庵，桃花庵下桃花仙；

桃花仙人种桃树，又摘桃花卖酒钱。

酒醒只在花前坐，酒醉还来花下眠；

半醒半醉日复日，花落花开年复年。

但愿老死花酒间，不愿鞠躬车马前；

车尘马足富者趣，酒盏花枝贫者缘。

若将富贵比贫贱，一在平地一在天；

若将贫贱比车马，他得驱驰我得闲。

别人笑我太疯癫，我笑他人看不穿；

不见五陵豪杰墓，无花无酒锄作田。

一首名传千古的《桃花庵歌》，让世人对洒脱、倜傥的“江南第一风流才子”唐寅留下深刻印象。“唐伯虎点秋香三笑姻缘”的民间传说，更使这位出生苏州的明代著名画家、书法家、诗人成为苏州的“文化名片”之一。

这样的历史人物，在苏州仅留下了一座 10 亩地的墓园。

而如何“糅合”这座墓园，使之成为一个靓丽的旅游区呢？

“第一风流才子”何处觅

唐寅（1470—1523），字伯虎，又字子畏，别号六如居士、桃花庵主、鲁国唐生、逃禅仙吏等，南直隶苏州府吴县人，明代著名书画家、文学家。

在绘画上，唐寅擅长山水，又工画人物，所绘山水、人物灵逸秀雅，清隽动人，尤其是仕女，笔法秀润缜密，潇洒飘逸，自成一格，被称为“唐画”，为后人推崇，有《六如居士全集》《唐寅画谱》传世。唐伯虎在艺术上才气横溢，他的诗、书、画被称为三绝，绘画上与沈周、文徵明、仇英并称“明四家”。诗文上，与祝允明、文徵明、徐祯卿并称“吴中四才子”。

唐伯虎的传奇，同苏州园林一样让人入迷。

那是一个文才辈出的时代，传承千年的中华文化在这里放射出了更加璀璨夺目的光芒。

当李东阳、李梦阳在文坛各领风骚的时候，江苏吴县的一个年轻人正在收拾行李，准备上京赶考，博取功名。虽然他并没有成功，但最终他的名声却胜过了同时代的所有人，他的名字成了大明王朝的骄傲。

这个人叫唐寅，字伯虎。

弘治十一年（1498 年），南京应天府举行乡试，十八岁的唐伯虎准备参加这次考试。考试前，他聚集了平生关系最好的三个朋友一起吃饭。在这次酒宴上，成竹在胸的他放出狂言："今科解元舍我唐寅，更有何人！"

这是一句不折不扣的狂言,但他的三个朋友却没有丝毫异议，因为他们知道，眼前的这个人有说这句话的资格。

参加唐寅酒宴的这三位朋友分别是祝枝山、文徵明、徐祯卿，他们四人被合称为"吴中四才子"，也有人称他们为江南四大才子。

事实证明，唐寅没有吹牛，在这次的乡试中，唐寅考得第一名，成为应天府的解元。

弘治十二年（1499），唐寅准备进京赶考，当时的他已经名动天下，所有人都认为，在前方等待着这个年轻人的将是无比壮丽的锦绣前程。

唐寅也毫不掩饰他的得意，他的目标已不再是考中一个小小的进士，他将挑战自古以来读书人的最高荣誉——连中三元!

信心十足的唐寅踏上了前往京城的征途，他将在那里获取属于自己的荣誉。

可是，命运有时候是十分残酷的。

在进京赶考的路上，唐寅遇见了一个影响他一生的人——徐经。

徐经并不出名，虽不是才子，却是财子，家里有的是钱。才财不分家，这两个人就这么一路逍遥快活到了京城。

唐寅注定到哪里都是明星人物,他在万众瞩目之下进了考场，然后带着轻松的微笑离开。和他同样信心十足离开考场的，还有徐经。

从考完的那一天起，唐寅就开始为最后的殿试做准备，因为考卷中的一道题目让他相信，自己考上进士是板上钉钉的事情，最多不过是名次前后罢了。

可不久之后，一个令人震惊的消息传来，唐寅落榜了！

还没等唐寅从惊诧中反应过来，手持镣铐的差役就来到他的面前，把他当作犯人关进了大狱。

金榜题名的梦还没有醒，却突然被一闷棍打成了阶下囚，他想破脑袋也不明白这是怎么一回事。

唐寅所不知道的是，这次倒霉的并不只他一个人，他的同期狱友还有徐经和程敏政。他们的入狱罪名是合谋作弊。

经过审理，案件内部判决如下。

礼部右侍郎程敏政：合谋作弊查无实据，但其仆人出卖考题给徐经，程敏政失察行为成立，勒令退休。

江阴举人徐经：购买考题查实，作弊行为成立，贬为小吏，不得为官。

吴县举人唐寅：贬为小吏，不得为官。

情况大概是这样的，程敏政的仆人卖了考题，徐经买了考题，程敏政负领导责任，而本着黑锅人人有份的“原则”，唐寅算是“连坐”。

倒霉的是程敏政和唐寅。一个好好的考官，三品大员，被迫拿了养老金退休回家。另一个才华横溢的天才，闭着眼睛写也能中进士的人，得了个不得为官的处分。

从千尺高台跌落下来，遭受无尽的歧视和侮辱，从此他没有梦想，没有追求，他只需要一样东西——醉生梦死的快乐。

从此他开始在全国多个著名妓院间流连，由于他文采出众，迷倒了很多风尘女子，甚至许多人主动倒贴来找他，也算是个奇迹。

所谓风流才子的称号也正是从此刻开始传扬的，在唐伯虎那纵情的笑容背后，是无尽的酸楚。

日以继夜的饮酒作乐，纵情声色，摧垮了他的身体，却也成就了他的艺术，他的诗词书画不拘泥于规则，特别是他的人物画，被认为 300 年中无人可望项背。

嘉靖二年（1523），这位中国文化史上的天才结束了自己坎坷的一生，永远归于沉寂。

近 500 年过去，桃花坞、桃花庵、桃花仙……皆已无迹可寻，真的是“不见五陵豪杰墓，无花无酒锄作田”。那些豪杰之士虽然也曾一时的辉煌，如今却都墓冢不存。

然而，不见五陵豪杰墓，却见唐寅墓留存至今，留得后人瞻仰。

唐寅辞世时，家境清贫，就葬于桃花坞故居之后，嘉靖二十二年才移葬今址，崇祯时湮于野水丛莽间。20 世纪 50 年代，当地政府在墓区筑石亭、树石坊，1956 年被列为江苏省文物保护单位，惜再毁于十年动乱之中。1985 年，苏州市文物管理委员会再次修复墓冢，次年又在墓南建起六如堂、梦墨堂等厅堂，辟为唐寅纪念陈列室，以示追思，并正式对公众开放。

2008 年 5 月起，苏州市区文保所对唐寅园进行大修，为促进旅游开发，2008 年 10 月，进行苏州唐寅墓园景区改造策划规划，我身兼策划、规划、施工监理三职，介入此项目。

君非墓中人，何言墓中语

唐寅墓园坐落在苏州城西南风景秀丽的横山东侧，位于苏州古城西南解放西路186号。这一处古典园林建筑，因唐寅归葬于此，被称为“江南第一才地”，四百余年来很多游客到此求才、沾才、得才。

但是，当我接手这个项目时，景区内仅有一座门楼，一个牌坊，一座墓冢以及房舍中陈列的少量图片、版刻，没有特色吸引游客，显得十分荒凉。即使慕名而来的游客，看无所看，感无所感，唏嘘两声，在园内转上几分钟也就走了。有朋友问之感受，皆言：没必要去，没什么可看。

君非墓中人，何言墓中语?

更让我深思的是：作为苏州的一张“文化名片”，唐寅墓园是唐寅在苏州存留的仅有的历史遗迹，弥足珍贵。然而，一代才人，仅留下风流佳事和荒凉墓冢，却无法让后人深刻地一代代缅怀，这一现象，发乎深省。

时间顺着雪已融化，风和月牙都沉默着，这是时光温柔的停顿。在时空交叠的空隙中，我反复思考一个问题：如何让景区推陈出新，不仅能彰显唐伯虎的一生，而且能使游客体验其中，使景区获得与墓主相匹配的名气与声誉。

问诊景区，我发现几大症结：

其一，苏州园林名闻天下，在众多争奇斗妍的历史建筑群中，唐寅墓园简直就是一群白天鹅中的丑小鸭，其建筑和园林景观均无特色可言。

其二，作为一个历史墓园，游客来此有一种忌讳心理，不知不觉产生先入为主的抗拒感，主动来游的积极性不高。

其三，很长一段时间以来，管理者更多地是把唐寅墓园作为一个文物保护单位来管理，而旅游景区开发只是一个附加的功能，重视程度不够。

文物保护与旅游开发是相辅相成的两件事，应可糅合互补，以文化底蕴的挖掘提升景区的价值，以旅游的收入促进文物保护条件的改善，达到双赢效果。

在这一糅合的过程中，文化附加值的挖掘和提升是关键。

天地山水，皆有魂魄，赋予性灵。草木山石，是永恒的惊魂。与山水相知的人，多为隐者高士，他们不愿为名利所缚，选择遁迹人海，退居田园。有些是为世所不容，心意阑珊，愿纵身云海烟波，找寻归宿。有些则天性爱好天然，不肯逐流随波，甘愿隐姓埋名。

一世浮生一刹那，一树菩提一烟霞。

从“江南第一风流才子”的人文内涵出发，我们找出了“一代才人”的景区灵魂，提出本次改造规划重点要淡化“墓”的概念，增加“园”的亮点，大千世界，尽在园中，把景区做成“中国历史文化名园”，使之能够匹配苏州城“最是红尘中一二等富贵风流之地”的形象。

通过与委托方深入细致的沟通，业主欣然接受了我们的观点，充分授权我方按此思路大刀阔斧地对园区重新进行形象定位、文化包装、布局调整、景观设计。

苏州·历史墓园
唐寅园
实景图
Real pictureral

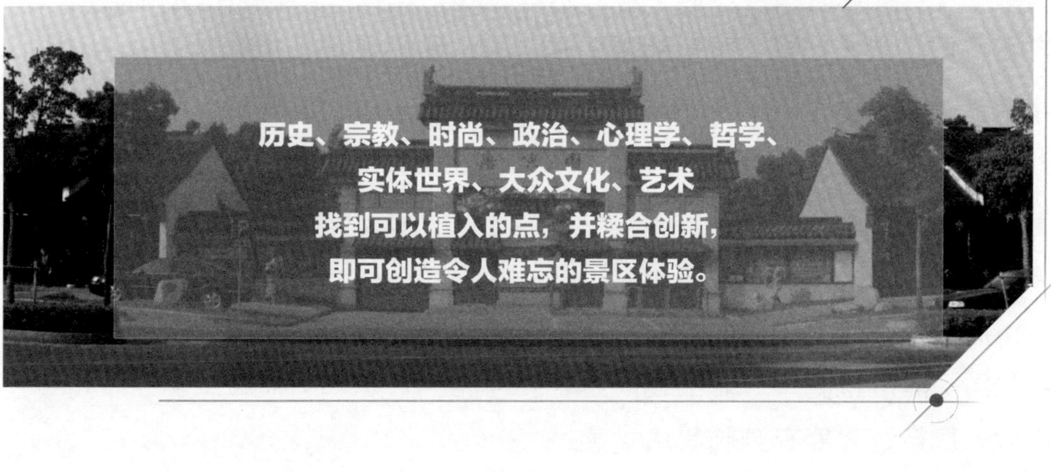

再现一代才人的传奇人生

按照“景区主题新定位、人物推广新定位、展示方式新定位”的总体思路和“历史文化知识趣味，休闲观赏互动共融”的设计原则，我们以“唐寅园”的概念替换“唐寅墓园”的概念，通过景区全方位改造，使唐寅园能够立体化地展示浪漫才子唐伯虎的传奇一面，而不仅仅是一个追远怀古的墓园。

“一代才人 · 名传万口”，是景区主题新定位。入口牌坊上方石碑正面原先刻着“唐伯虎墓”四个字。我们把著名文化学者谢孝思所题“一代才人”换上，与石碑背面的“名传万口”互相呼应，把景区由“唐寅墓”为主题转到“唐寅人物”为主题。游客没有了“墓”的阴影，在牌坊下自在穿行，对这“一代才人”津津乐道，更多的游客在此拍照留影。

唐寅，他在萧萧竹风、泠泠琴音下散淡度岁。日闻鸟啼，夜听松涛，醉卧桃花，肆意酣畅。游客如何能一一感知？需在细腻中融入真情，才能有身临其境之感。

唐伯虎在历史上为苏州四大才子之一，是苏州文化的一张名片，是苏州的骄傲，也是中华民族的骄傲。我们规划了雕塑园、唐府、陈列馆、墓冢四大板块，糅合进历史的唐伯虎、传说的唐伯虎，来丰富“唐寅文化”的内涵，为游客立体展示一个有血有肉、亦真亦幻的唐伯虎。

雕塑园（山水赋）——唐寅的外传。以民间传说、故事为脚本，展示传说中的唐伯虎，是人们理想化了的唐伯虎。游客一进园门，迎面的照壁是一幅明代的“F4”——唐寅、沈周、文徵明、仇英“四大才子”的浮雕群像，为苏州古文化代言。按现代营销的说法，就是放大了品牌效应，形成文化组合的集群优势。

一代才人自有其历史评价，在民间流传了数百年的故事，一个聪明好学、桀骜不驯、爱憎分明的唐伯虎形象始终活在人们的心中。百姓们口口相传的唐寅，不仅有其真实故事，更有其美好愿望。雕塑园板块以《三上焦山》《醉蟹》《巧笔画螺丝》《九鲤仙子送墨》《走眼夫人》《洗扇》等民间传说、故事为脚本创作雕塑，布局园中，形成独有的文化特色景观——

《三上焦山》：唐伯虎上镇江焦山游玩。第一次到山上把各种各样的树木姿态看了个够；第二天又雇了一只小船，沿着焦山周围兜了一圈，观察了山的全貌。但唐伯虎还不满意，再次来到焦山，坐在江边的一块石头（峰上的紫石）上，用心观察水的动态，画了很多草图。据说，唐伯虎后来在这些草图上化出了许多好画。人们为了勉励自己的孩子或下一代积极进取、追求完美，常在雕塑前留个影，把这个故事带回去传授。

《醉蟹》：一恶少向唐伯虎索画。唐伯虎恼怒之下，用草鞋在泥潭里搅了搅，在恶少的白绢绸上拍了三下子。在官府上评理时，三只草鞋印变成了三只大螃蟹，是一幅绝妙之画。府台贪心，占为己有。可再次打开看时，蟹全没了，都成干泥巴掉下来了。伯虎说：“刚才怕蟹爬走，给洒上了酒，只只醉酒了，现在酒醒了，蟹自然要爬走的。”后来相传，在那个府台雕像的腰上坐一下，日后能免受小人算计。

《巧笔画螺蛳》：娘子沈九娘见唐伯虎作画时一副苦思冥想的样子，想与他开个玩笑。于是两次出其不意在唐伯虎的笔端上向下一拍，在画稿留下两个墨点。第三次为了试唐伯虎的笔力，使唐伯虎手中的笔往上一提又往下一顿，这样画面上又出现了第三个墨团。面对这三个墨团，唐伯虎突发灵感，把它们勾成了大小不一的三颗螺蛳。这幅画，因为有了三颗螺蛳，而妙趣横生，成了一幅名画。而这一个心心相印，妻助夫荣的故事也成了一段佳话。由此，来这里的女性游客纷纷在雕塑前留影，希望能得“旺夫运”。

《九鲤仙子送墨》：唐伯虎来到福建九鲤湖，九鲤仙子乐善好施，托梦唐伯虎，送他一大堆墨锭。从此，唐伯虎感觉写诗、画画下笔如神。几年以后，画艺大进，果然成了流芳百世的大名家。游客把钱币投入墨炉，可求得九鲤仙子指点迷津，助人奋发向上。

《走眼夫人》：唐伯虎因会试案吃了十个月的冤枉官司，嫁给唐伯虎只是一心想当状元夫人的续弦夫人，就对唐伯虎另眼相看，两人经常大吵大闹。因此，连丫环和僮仆也敢顶撞唐伯虎，给他白眼，看门狗也会经常对唐伯虎一阵狂吠。其实，那续弦夫人看走了眼。唐伯虎虽然仕途无望，但他聪明好学，攻诗、书、画，终于成为明四家之一而流芳百世。人们为了鄙视这势利小人，就惩罚她在这看棺材板。

唐府（学圃堂、竹溪阁、蛱蝶斋、禅仙居）——唐寅的戏说。以电影、电视剧剧本为蓝本，展示当今社会上流传的唐伯虎，是被电影、电视剧戏剧化了的唐伯虎。

雕栏画栋触手可及，古装丽人熙攘穿行。可以吟诗作对，可以品酒茗茶。更可以易容改装，做一回风流才子唐伯虎，弹一曲古筝品茗花前月下，赋一曲琵琶写歌倾尽浮华，落一笔文书把酒吟诗作画，撑一纸油伞共赏满城烟花，演一出三笑定姻缘的佳话。

这正是“到来即为江南才子，此去定是吴地佳人”。唐寅园内增加互动类的项目，是这一板块改造规划的重点之一。

——利用西园模拟唐府（演艺区），以戏剧化的形式为游客上演《唐伯虎点秋香》《三笑姻缘》以及相声、古筝、评弹等节目。由于游客的参与，时不时爆出满堂大笑。此类趣味性节目，常常使游客流连忘返。

——闲来草堂中，由游客扮演唐伯虎的角色，在四个丫环中点哪一个是秋香，点中有奖。所谓一夜清风凉，满城桂花香，卧石枕月伴娇娘，梦醉温柔乡。因唐寅不事权贵，淡泊名志，自述中有“不炼金丹不出禅，不为商贾不耕田，闲来写幅丹青卖，不使人间造孽钱”之句，故取名“闲来草堂”。

——根据唐寅一生为自己起的“逃禅仙吏”别号，将唐府另一居室取名“禅仙居”，将唐伯虎的书房、茶室、酒室一一展现给大家。游客可以在这里品酒茗茶；可以在书房里泼墨挥毫，大显身手；还可以穿上唐伯虎的服饰拍照留影。

——景区内吃喝玩乐，“吃”字当先。我们设置了吴羹房“唐府小吃”。小吃是特色中的特色，除了一般的苏州特色小吃外，更有唐伯虎喜欢的桂花汤圆；祝枝山爱好的酱油炒面；文徵明贪吃的红炒年糕；还有春香面、夏香饼、秋香糕等，游客们都会饶有兴致地尝一尝。

陈列馆（桃花仙馆、梦墨馆、六如堂）——唐寅的正史。以历史记载、资料为依据，通过塑像、仿真画、墙雕等形式，展示唐伯虎的真实身史。

唐寅的诗书画三绝，从桃花仙馆到梦墨堂，从《桃花庵歌》到《落花诗》。一般人们知道的唐伯虎只是一名风流才子，其实，唐伯虎一生坎坷，穷困潦倒，一路行来一路泪，一路观景一路歌。

桃花仙馆：唐寅三十八岁时，在苏州城北桃花坞筑桃花庵别墅。由于他钱不多，别墅并非楼榭池馆，只是几间雅致的草堂，几个竹亭，但占地面积比较大，园内遍植梅、兰、竹、菊等优雅花草，种得最多的是桃树，因为他最喜欢桃花，并自号桃花庵主，所以取名“桃花仙馆”。桃花仙馆中增加陈列了唐伯虎的故居模型，为游客了解唐伯虎的正史提供一个直观的印象，游客也都喜欢在故居模型前拍照留影。十里桃夭与卿赏，且煮花酿对月尝。

梦墨堂：唐寅三十一岁时，启动了一次千里壮游，饱览祖国南方的名山大川，这次游历为他艺术上取得杰出成就起到了重大作用。当他进入福建境内仙游县时，九鲤湖边的九鲤仙子晚上给他托了个梦，梦中送他宝墨万锭。自此以后，唐寅无论写诗做文章，还是绘画都自感下笔如神，所以取名“梦墨堂”。后人对梦墨堂中的字画进行了翻新修复，由于这些字画很难在其他地方观赏到，因此受到游客关注。

六如堂：唐寅中年以后，由于贫困潦倒，备受社会的冷落，自感命运总是捉弄自己，开始信佛，研究佛学，状似超脱，实为愤世，自号六如居士。金刚经中有“一切有为法，如梦幻泡影，如露亦如电，应作如是观”，意思是四大皆空，所以取名“六如堂”。六如堂内收录了《事茗图》《王蜀宫妓图》《李端端落籍图》《风纨扇图》等传世画作，观之无憾。

陈列馆区利用最大空间展示唐伯虎的诗、书、画，虽然是复制印刷品，通过装裱，游客依旧对此有浓厚的兴趣，购买的游客不在少数。

墓冢（墓碑、憩亭、唐墓）——对唐寅的礼祭。让游客到唐伯虎墓前祭拜、许愿与祈福，表达后人对江南第一风流才子的敬重与缅怀。

唐寅仕途坎坷，晚境凄凉。辞世时 54 岁，由于家境清贫，死后就葬于故居桃花庵。明嘉靖二十二年，他生前好友集资移葬祖茔今址，祝允明为唐寅撰的墓志铭中有“墓在横塘王家村”之句。这里是唐伯虎的最终归宿，墓前不仅有造型肃穆的碑坊，辞藻优美的墓志铭，更有桃花掩映，绿树成荫。想功成名就的、想考取理想学校的游客纷纷来此祭拜这位先人，为他送上一束花，在许愿树上系上自己的心愿。

整个唐寅园景区改造的重点是充分糅合“唐寅文化”入景，但自然景观和园区细节的改造也不可忽视。景区的生气、活力离不开“水”的应用，而流动的水更会引出景区的灵动。我们规划实施了三大“水系灵动工程”。

假山瀑布：在园区入口处设置假山一座，引池塘水（循环水）为瀑布，溅起一片片水花。假山上刻“唐寅园”三个大字，让游客能到此一游拍照留影（改变原来为拍高高门楼上“唐寅园”三字的尴尬）；碑文、唐伯虎的作品都让假山瀑布更加秀丽。假山上瀑布之水绕过雕塑，穿过小桥，流经错落有致的草地，使雕塑园越发生动。

池塘喷泉：设置喷泉，让两池“死水”变成“活水”。在早、中、晚不同的太阳光照射下喷泉都会出现彩虹，给景区增添胜景；同时为池塘中的锦鱼增氧。

山水琴音：利用唐府内的一座假山，采用循环水方式构置多角度、多层面的小瀑布，使整个小假山灵动起来；假山上、下安置琴台、座位各一组，琵琶、古筝演员适时演奏一曲《高山流水》，琴音悠悠，唐府更添灵逸秀雅。

另外，通过门楼古建、置景挡陋、古物新景，注重细节完善，将散落在墙角、杂草中的石棺、石碑陈列起来，这些“古旧”依然洋溢着历史气息，构成一个不可多得的文化景点。

《苏州唐寅园策划方案》极大地提升了唐寅园在旅游市场上的形象美誉度和知名度，成为苏州旅游景区的后起之秀。据此改造完成并重新开园 8 个月后，数据显示：门票价格上调为改造前的 9 倍，日平均游览人次猛增为改造前的 28 倍！

[策划札记]/Notes

如何创造令人难忘的景区体验

策划至高境界，不说禅语，已含禅意。

景区经营的本质，就是不断地结合景区的主题、设施，创造出令游客难忘的体验。

景区营销创造体验的方法，重要的一种就是“体验主题化”。

景区经营者必须设计精炼的主题，从而迈出通往景区体验之路的第一步，而且是关键的一步。反之，构思拙劣的主题不能给游客留下深刻印象，也不能产生持久记忆。

为景区体验寻找合适的主题并不容易，一般而言，可以从九个方面来寻找：历史、宗教、时尚、政治、心理学、哲学、实体世界、大众文化、艺术。找到可以植入的点，并糅合创新，即可创造令人难忘的景区体验。

创造令人难忘的景区体验，景区经营者必须跳出景区的圈子，从更广泛的层面进行横向与纵向的联系。具有诱惑力的主题必须超越人们的现实感受。人们到某一景区游览，是为了放松自己或者寻求平常生活中缺乏的特殊体验。景区体验必须提供或是强化人们所欠缺的现实感受。

江苏·桃花涧景区：
穿越千年，十里桃花

沿着将军崖岩画前的山路逶迤东行，便是锦屏山第一大涧——桃花涧。

“采菊东篱下，悠然见南山。”相传古代有一位高人，看破红尘，来到白云山，偶遇这山清水秀之地，流连忘返，便隐居下来，平时以种桃花为乐，日久天长，桃花满山遍野，遂得名桃花涧。

这是一个 3A 级景区，需要升级。

提升也好，转型也好，都必须在原有景区的基础上做文章。“旧瓶装新酒”与“白纸上画画”策划一个新的景区相比，需要付出更多的精力。

而“糅合”，能事半功倍。

七千年前东夷民族的朝圣中心

在江苏省连云港市海州区锦屏镇桃花村锦屏山南麓的后小山西端，一块混合花岗岩构成的篮球场大小的覆钵状山坡，被人称为将军崖。

坚硬的花岗岩表面，刻画着3组粗粝而拙朴的岩画，线条宽而浅，粗率劲直，作风原始，断面呈“V”形，面壁光滑，以石器敲凿磨制而成。岩画中的太阳、星相、禾苗人像、社神，造型古朴，形象诡异，充满神秘色彩。三组岩画的中心相互倚叠着3块从别处搬来的石头，每块大小为长2米、宽1.5米左右，石表面分布着对称的圆圈图案，直径3～7厘米不等。在岩画北侧的山岩上原有一个石棚，石棚里的崖壁上曾有一组“将军牵马”的岩刻（“文革”期间已被人以“破四旧”炸毁），这就是“将军崖”得名的由来。

这神秘的岩画，蕴藏着怎样的秘密？

将军崖岩画自发现以来，崖壁上那些神秘的原始印记，一直是考古界想要破解的难题，被称为“东方天书”。为了确保将军崖岩画的安全，1980 年，连云港市人民政府指示，停止对岩画下地层中矿藏的开采。1981 年 6 月，国务院办公厅组织文物、地质、采矿等方面的专家到现场研讨。全国众多知名学者对将军崖岩画这部“东方天书”从民族学、考古学、文化人类学、原始宗教学、古天文学等领域进行了分析研究，有学者说是原始先民对土地神和太阳神的崇拜，有学者说是原始先民对谷神的崇拜，有学者说是古代先民文面习俗的遗留，还有学者说是“最早的观星测象台”，可谓众说纷纭。经过无数考古学家多年的研究，谜题终于解开: 此处遗迹与东夷先民奉大石为社神“以石为祭”，“下有三小石为足”的祭祀风俗有关，是东夷部落的祭坛，7000 年前东夷民族的朝圣中心！这是中国迄今发现的最古老的岩画，是东南沿海地区首次发现的岩画，是唯一反映农业部落原始崇拜内容的岩画。著名考古学家苏秉琦先生称之为我国最早的一部天书。

考古表明，早在六七千年前，甚至远在 1 万至 2 万年前，将军崖这一带依山傍海，气候温暖温润，适宜于原始农业和渔猎经济的发展，生活着上古时代的东夷先民。

东夷是中国东部沿海的古老部族，逐水而居，狩猎采摘。少昊氏属于其中一支，生活在包括连云港在内的山东省东部黄海之滨。少昊，是远古时羲和部落的后裔，华夏部落联盟的首领，同时也是东夷族的首领，中国五帝之一，中国嬴姓及秦、徐、黄、江、李等数百个姓氏的始祖。

这个地方，就是古代东夷人对自然和人类的崇拜和祭祀的地方。岩画的内容反映了上古时代先民对农作物、天体星象、鸟兽的崇拜和依附意识，是当时生产生活图景的一幅真实写照，从中可以解读东方远古部落的神秘历史。

三组岩画分别代表人与植物群落、星象群落、图腾群落。其中一组以人面和农作物为主，表现出人在丰收时的欢乐景象。人面以禾苗与大地相连，反映了人类对农业的依赖及对土地的崇拜。

一幅人像头插羽毛，折射古代东夷族崇拜鸟神。一条6米多长磨得发白的“银河”中许多人工磨制的圆洞，竟是古人精心雕刻的银河星系图！据地质队科学测量，它和今天子午线的角度仅差了3度55分88秒。另有三个太阳的太阳运行图，分别指示冬至、夏至季节变化。

另有专家考证认为，将军崖岩画始作于春秋时期，是东夷族的附庸国——少昊氏郯国的巫师为死亡的王族招魂引魂留下的印记。图案中“大”字的圆形纹符号是指日中之大人，即东夷人，圆形纹、中间有一点的圆形纹均似鸟头，象征鸟人灵魂，一排人在跳巫舞，这是引魂升天的仪式。

NASA华裔科学家赵丰教授认为，将军崖岩画描绘了一次彗星撞击地球事件，与后羿射日其实是同一事件。撞击地点应位于连云港以北，方向从东向西。岩画中10个圆形，右上角处代表真太阳，其他9个便是彗星进入大气层时的假太阳，画成人脸暗示恐怖的天外来客，下面有线与大地相连，暗示从天而降的轨迹。

这就是神秘的东方，神秘的将军崖。

矿区边的国家3A级景区

桃花涧山水俊秀、风景优美，素有“苏北九寨沟”之称，三十六景遍布其间，云雾缭绕，流泉飞瀑、石壁陡峭、步移景换，沿涧茂林修竹吐翠，满山草绿花香，宛如画中仙境。

这里山青水碧，谷幽涧深，而且每年的4月桃花遍开，桃花涧与山涧相互掩映，风景如画般美丽，引来游人如织。桃花涧千回百转，从山上挺拔的林木丛中幽幽穿过，与裸露的山峰石骨、桃花涧共同构成一幅颇具风味的中国画。

1996年11月，连云港有关部门开始筹建桃花涧风景游览区，到1997年4月3日正式开始对外接待游客。在最初的五年时间里，先后建成了3千米步游道、桃花居、紫竹林主殿、桃花潭蓄水大坝等基础设施，共栽植桃树近万株，并培植了各类花草，开辟了牡丹园，使景区的人文景观与自然景观更好地融合在一起。到1999年，举办了三届桃花节，接待游客17万人次，实现门票收入45万元。1999年又整修进山道路5千米，栽植桃树 1.8 万余株，修建了紫竹庵大殿，修筑高标准拦水大坝 3 座，梯级暗坝 8 座，仿真加高了 3 道坝，建成了引水上山工程，完成景区开发第三期工程项目。

目前，桃花涧风景游览区是由国务院批准的国家级风景名胜区云台山的一个重要组成部分，是国家 3A 级景区。整个景区占地面积 4.5 平方公里，分东西两个部分，西部为将军崖原始岩画，东部是景色清幽的桃花涧。岩画、奇石、幽涧、龙潭、岩洞、古寺等构成的“桃花涧三十六景”遍布其间，集自然风光和人文景观于一体，是国内唯一以观赏原始岩画和自然风景特色的山间园林和旅游胜地。

景区运行 16 年后，拟提升为国家 4A 级景区，聘请浙江工商大学旅游规划设计院完成《连云港市锦屏山桃花涧景区旅游策划（2013—2025）》，由我担纲主持。于是在 2013 年，我走了一次“桃花运”。

说实话，初次走进桃花涧景区，我的感受是失望大于希望。

在景区南大门周边，锦屏矿业公司、家具厂、锦屏硅矿设备安装公司等工业和自然村分布，周边工业和居民占地较多，给人一种杂乱无章的感觉，可供拓展的空间极其逼窄。更为不利的是，桃花涧景区的下面，是开采近百年的大型锦屏磷矿，对环境景观的破坏不言而喻。

我们来到景区正好是“5 · 19 中国旅游日”，景区门票免费，又是周日。但让我们感到意外的是，游客十分稀少。景区外的门面房关着，景区内的构筑空着，与国家 3A 级景区的身份极不相符。

走进景区没多远，我们就发现了一个大问题：南大门位置与景区核心资源——将军崖岩画距离太近，可谓“开门见山”，是景区设计之大忌。游客进入景区后游览的第一个景点一般都是将军崖岩画，使景区缺少游览悬念，看完岩画就走，从而导致整个景区其他的景点很容易被忽略，留不住游客。

而且整个景区的游线没有形成环线，景区内没有换乘的交通工具。景区导识系统不完善，景点之间缺少可识别的方位指向说明。景点缺少导游讲解，标识也没有充分展现其文化内涵，游客只看到景区优美的自然环境，却无法理解景区深厚的文化底蕴。景区内旅游资源没有得到有效地整合、利用，造成景区的旅游项目缺少、质量不高，品牌度差、知名度低等连锁反应。

通过进一步的调查了解，该景区旅游六要素体系尚未形成，景区内基础配套设施不完善，目前门票是景区收入的唯一来源，2012 年接待 44.42 万人次，门票收入 64.68 万元，人均旅游消费太低。景区人才匮乏，管理体制不健全，桃花涧景区和锦屏山其他景区（点）权属分别属于不同部门和乡镇，专业化经营水平低，景区融资能力、开发管理能力不足，因此，景区旅游业的纵深发展受到限制。

从周边竞争来看，桃花涧景区周边景点分布密集，仅近距离山岳型景区就有主打西游记文化的花果山、主打佛教文化的孔望山、主打古代名人文化的石棚山、主打海岛文化的连岛等。

需要解决的问题还有：景区功能定位仍为单一的“观光”旅游，文化休闲、生态功能彰显不足，资源整合和产品包装尚需大大提升，景区建设总体上“粗”（层次低）而“乱”（功能分区不明确），与当前国家 3A 级的景区等级与资源等级不相符，旅游产业链不完善，旅游经济拉动作用不强。

经过多次实地考察和座谈走访之后，我认为：桃花涧景区策划的关键词不是“提升”，而是“转型”。

总体看来，桃花涧景区内自然和人文旅游资源丰富，有“桃花涧三十六景”。景观六大要素“山、水、林、气、文、建”组合较为完整，品质尚佳。山青水碧，谷幽涧深，植被相对较丰富，空气质量良好。但是，由于发展工业的原因，景区的植被和山体受到一定程度的人为破坏。景区核心资源——将军崖岩画没有得到科学有效的保护，酸雨侵蚀迹象明显。

从区域旅游市场分析，景区地处我国东部南北向海岸带与东西向大动脉陇海铁路正交节点上，区位条件优越，距海港山城——连云港主城区较近，可进入性好；“东方天书”的文化价值和历史价值突出，旅游吸引力大，资源品质高。景区已初具规模，并有一定的社会知名度，所以景区进行二次开发的条件已经成熟。

出于保护和转型升级的需要，二次开发势在必行。

涵盖“天、地、人”的顶级品牌

桃花涧景区的资源禀赋是可以做出一篇锦绣文章来的。但旅游开发以来，过分依赖吃资源饭，没有针对旅游市场做系统性的策划和包装设计，还停留在顺其自然的“放养”状态，可以说是对顶级资源的一种浪费。

瞄准景区的软肋，我们确定策划总思路是：

以东方天书打品牌——挖掘景区文化内涵，做足中国七千年无解“岩画”的文章，树立“东方天书”品牌。

以四季特色聚人气——策划富有四季特色的主题产品，丰富体验性旅游项目，平滑季节性波动。

以配套服务增效益——完善周边配套服务设施，构建主题休闲度假场所，实现景区收益最大化；明确景区功能，优化景区管理体制，确保有序开发和可持续发展。

以生态环境筑品质——修复受损生态系统，发挥生态服务功能，提升游客游览品质。

首先必须进行主题形象定位。

在把握桃花涧景区自身资源特色和周边景域关系的基础上，树立差异化的旅游形象，引领产品和市场错位发展，把握空间竞合关系，结合市场需求，重点突出“东方天书”主品牌和“海州桃源”子品牌。

东方天书——千年岩画，神秘的东方人文景观。

海州桃源——十里桃花，浪漫的山水自然生态。

天与地，因人类的活动而糅合成为风景。

从策划的角度出发，将景区现有的“东方天书”作为“素材”，把它放到一个最顶的层面、最宽的视野、最高的境界中进行打造，膨胀它的品牌效应到极致，成为既能吸引世界眼球，又能带动景区快速、高效发展的主题产品。

如何打造“东方天书”主品牌?

我们设计的品牌体系与产品形成策略，是环环相扣的“七种武器”:

隆重推出——神秘前奏。入口处因地制宜地改变一下现状，构建一些“特色”通道，起到事半功倍的作用。

高峰迭起——塑像广场。以巨型雕塑“东方赋”糅合七千年东方文明，展现岩画的震撼力，是岩画内涵的延伸，也是旅游的需求。

世界瞩目——节庆造势。举办三年一次的“国际岩画学术研讨会”，一年一届的“世界岩画艺术文化节”，五年一次的岩画评选、大赛，一年一次祭祖活动……这是一年中的高潮：借助国际著名学者、明星的光临，提升品牌度、知名度。

贵在续写——岩画新篇。在指定的区域和规划的范围，由游客营造新时代新岩画景观，处理好与周边生态、制作安全、观赏效果等。以前景区那么多的“涂鸦”是个坏习，但也说明了游客的一种愿望寄托，他们今天刻下的是历史的烙印，是用“心”在“写”，留下来的也许是毕生的心愿，会产生后续后代“回头客”的意外效果，三百年以后讲今天的故事。

智慧汇聚——名家助力。画家、书法家、雕刻家、游客的汇聚智和雅俗共赏。

内涵演绎——融合呈现。“天书”的内涵即天、地、人的融合。对此，我们不能仅仅停留在解读、研究、观赏层面上，应该延伸它的意义，通过祭天、祭地、祭祖活动和树屋、石屋建造，让当代人体验“天人合一”的意境。

怀古探秘——寻根体验。这种寻“根”祭祖的祭拜方式，可以设计多种，把旅游体验引向纵深。

据此，我们布局设计了几个古今糅合的项目。

怀古探秘：人们不一定对将军崖岩画有多深的理解，但也许会对此充满好奇，居然这里有那么一个价值如此大的历史遗存，说明祖先在这里的活动一定很频繁，这就存在着尚有更多的秘密未被发现的可能。因此，在将军崖周边划定一个范围，供游客在此探秘。一有意象的印迹即立下标杆，供游客研究（游客的讨论、争执会产生活力，也可在网上传播），且等待专家鉴定定。

抚臼问古：碓臼庵遗址区域尚存一个臼洞，必须加以保护，原迹不可动用。在该区域内复制几套碓臼，供游客体验，并详细介绍先祖的农耕生活。也可以根据人类繁衍、生活演变的轨迹，仿古制作系列模具，系统地介绍其发展历程。

玉树仙栖：深入挖掘将军崖岩画的历史价值，活化“东方天书”的文化内涵，演绎“天人合一”的华夏精神，在植被良好的板栗林构筑开敞式、封闭式的树屋、石屋，为游客提供小憩、简餐，让游客能穿越时空，体验古人生活之习性，获得“不一样”的游览乐趣。

祭奠祈福：“东方天书”的核心要素即为“天、地、人”。将军崖的岩画也表达了古人的敬天、敬地、敬人思想。由此演绎，在山峰设立祭台，祭天、祭地；在山腰建造祭坛，祭祖。运用古人祭拜的方式（需要设计，杜绝明火，确保山体安全）进行，让当代人缅怀先祖，学会感恩，体验农耕时代古人对天地的敬畏。

由此，一个涵盖“天、地、人”的顶级品牌呼之欲出！

唤醒四季“海州桃源”

主品牌千年“东方天书”主打人文牌，子品牌十里“海州桃源”则主打生态牌。

随着旅游品质的提升，人们对景区生态的要求也越来越高。因此，基地生态资源的特性，决定了旅游的动向。基地景观单一以桃花为主题，那么必然会导致桃花盛开时的“轰动”，桃子结果后的“淡然”，接下来的“默默无闻”，这一被业内戏称为“刹那的光辉，恒久的黯淡”的“三部曲”，显然这是大家都不愿看到的。春季两岸桃花夹古津，夏、秋、冬却每季愈下，怎么破?

我们对资源进行挖掘发现：此地夏天雨水多，瀑布壮观；板栗在秋天收获；冬天凸显了岩石的刚毅。桃花为桃花涧景区的春天带来了生机，而景区内的夏瀑、秋栗、冬岩，虽不如春桃那么艳丽，但也是独特的生态资源，只是没有得到充分的开发利用。我们实地勘察后认为，必须唤醒“沉默”的资源，将季节性特点逆转成为强项，让它们在游客的互动中焕发活力。利用景区内生态资源低投高产，“春桃、夏瀑、秋栗、冬岩”，四季主题产品由此形成。

春桃：游——游览的情趣。游廊的曲折迂回、高低起伏，沿途的亭台楼阁、吃喝玩乐，途经的山、洞、水、桥，一路上有“古典”（古人对桃花、对爱情的赞美）的以及你我（相约、相恋、相爱）的“诗情画意”。沿途设计构筑物，让游客有吃、有喝、有玩、有憩。一路上有唐诗宋词关于桃花、爱情的赞美，契合桃花的寓意。留一定的空间给情侣活动，提升游览品质。游路设置要有变化，才有情调。

夏瀑：玩——玩水的快乐。尽可能加强上游存水能力，尽可能有节制地调节排水时间；每道瀑布的源头与落地稍作处理。桃花涧上下九道瀑布形态各异、精彩纷呈，充分展示雨季瀑布的壮观；选择、处理好合适的水面提供游客游玩，配备适当的水上活动项目，营造休闲活动之所，让游人零距离感受水之韵。

秋栗：品——品赏的享受。在山巅极目远眺感受，感受从早到晚光线的变幻而演绎的山林美景。采摘板栗、现场糖炒、趁热品赏所带来的乐趣，还有一日多餐的特色美食，总让人津津有味，乐而忘归，这些，都在那舒适宜人的亭台楼阁中。

冬岩：纪——纪念的深刻。苍山负雪，浮生未歇。冬雪覆盖下的山岩棱角更显坚韧挺拔，栩栩如生。当代艺术家创作的岩画更显精彩纷呈，美不胜收。在这里，五年一次的“中国岩画评选”活动在这里展开，一年一次的“大型祭祖活动”在“雕塑广场”举行。联想起你我的毕生愿望，总让人感动不已又难以忘怀。

据此，我们也布局设计了几个自然景观与人文景观糅合的的“天人合一”项目。

桃园寻义：历史上有“桃园三结义”的典故。身处著名的桃花涧桃花园，游客倒没有太多的指望在这里能有结拜成交，但有些有心人、有胆人、有识人在信步桃园之时，会触景生情，怀古惜今，希望有幸气、有缘分在此能偶遇一、二知已。因此，关键是我们要创造这样的机会。

沙滩星缘：利用遗存下来确认无放射性、无毒害的矿沙，在龙潭水域筑沙造滩，供游客玩耍。在这潭碧景幽之处，磷沙闪烁有如斗星。充分利用这一特色，策划比普通沙滩更有情趣的活动。

绿波泛舟：桃花涧有九坝九瀑布，选择合适的水域，分别创建难易不一的水上活动项目，营造“小舟从此逝，江海寄余生”和“波上行舟，心也悠然”的不同意境。

溪涧拾趣：选择一些水源不足的区涧，“小溪泛尽却山行”。在这岗峦溪涧，水行如诗之处，或捡拾奇石异珍，或静观远峰近瀑，也别有一番情趣。

栗园三聚：话说桃花涧板栗园的木屋，每年接待不少游客来此观景、品茶、吃最新鲜的糖炒栗子，吃了还不算，还要带点回去让亲戚朋友分享。传说这一年，来了一家三口，旁人一看，那是一个幸福之家，殊不知也有美中不足。三人刚刚坐定，就听母亲指着山路上的人群对儿子唠叨：“儿子啊，你看，人家都一对一对的牵手交语，多甜蜜啊，你都三十出头了。为父母的，多焦心哪！”“缘分没到吧！”只见儿子一边漫不经心地回应着娘的话，一边眼睛直勾勾地与对面姑娘碰出了爱的火花。这个“栗园三聚”的爱情故事传开了，且越传越美丽，越传越神乎。后来，这个林间小屋也就成了一个“游客必到”的景点。

根据景区内部交通情况、景点分布、旅游功能分区和游线组织要求，我们建议景区重新调整内部游线为：景区入口—桃花女—猿人啸峡—玉兔望月—桃花涧—龙潭—三蟾赶日—象牙石—金蟾洞—板栗林—紫竹林寺—祭台（祭天、祭地）—祭坛（祭祖）—万云塔—天清亭—碓臼庵遗址—将军崖岩画—东方赋雕塑—景区出口。调整之后，景区内的资源都得到了充分的展示和表现，游客在景区内停留的时间和人均消费都有了较大的提升，游客量与日俱增。

项目提升策划案实施后，桃花涧一改过去海州区郊“农民公园”的形象，逐步拓展为：一级客源市场以江苏和山东两省的客源市场为基础；二级客源市场以浙江、上海、安徽邻境客源市场为重要目标；三级客源市场以国内其他远程市场和对考古旅游感兴趣的国际游客为市场机会，相继形成了“花果山—东西连岛—桃花涧”精品两日游和“桃花涧—孔望山—鱼湾—花果山—东西连岛”休闲三日游线路。

又是一个初春的夜晚，满月如镜，淡淡的雾气，娉娉婷婷遮着桃花渡口的柳叶疏影。山间的雪融化水，夹带着凋零的蜡梅徐徐而来。春寒料峭的风轻弄水面，笑问因何而来。河里鱼儿跃出水面，吐了个泡泡道：“为哪般而来都没关系，如果为了来找桃源，就是这里。”

江苏 · 桃花涧
十里桃花

项目资料图
Spatial layout

糅合天地人

从“东方天书”到“海洲桃源”，
关键词不是“提升”，而是“转型”。

【策划札记】/Notes

“旧瓶装新酒”比“白纸上画画”更需要糅合

对改造提升项目，我向来不主张推倒重来。虽然，大拆大建也许能在简单省事的同时还能赚取更多的策划费，但是未必是最佳方案。

在桃花涧风景区提升策划项目中，我提出三个“糅合”的理念：十里桃花的自然景观与千年岩画的人文景观糅合；历史形成的既有景观与创意出新的改造景观糅合；横向延伸拓展与纵向挖掘深化糅合。三者相融相生。

安徽·雨耕山酒文化创意基地：

品酒论天下，醉美雨耕山

吴头楚尾徽相连，金陵门户长江边，“半城山半城水”的安徽芜湖，自古是一座繁华的商业城市。“一带江城浑似画”，白墙黛瓦的徽式建筑里，蕴藏着千年的历史烟云。

雨耕山就位于芜湖。

关关雎鸠，在河之洲。窈窕淑女，君子好逑。

2014 年 5 月，在长江边一座 2500 年前以雎鸠（鸠兹）为名的城市里，我们“对酒当歌”，像追求窈窕淑女一样，追求这座城市的百年繁华梦。

棋残本无计，书尽但非才。芜湖，我携酒而来，不是为了醉，而是为了美。

在历史云烟中沉淀的雨耕山

“天门中断楚江开，碧水东流至此回。”

大江东去，浩浩荡荡奔流到皖南，被天门山这一中流砥柱迎面一挡，折向北流。在这块青弋江汇入长江的小平原上，湖泊遍布芜藻鸠兹，春秋时建城，名曰鸠兹，汉武帝时改名芜湖，直至今日。

南唐时，芜湖“楼台森列”“烟火万家”，享有“江东名邑”“吴楚名区”之美誉。从明代开始，逐渐成为长江下游地区的重要商埠，《天工开物》中有“织造尚淞江（上海），浆染尚芜湖”之说，形成号称“芜湖巨店”的大型浆染工场，是全国五大手工业区域之一。清末民国初是皖江漕运重心，曾为中国四大米市之首，孙中山称之为“长江巨埠，皖之中坚”。

清朝末年，英法等列强势力步步深入中国沿海及长江门户。1876 年，清政府与英公使签订《中英烟台条约》，芜湖被辟为对外通商口岸，从此打开了芜湖对外开放的大门。西方文化逆流而上，一股脑涌进了这座滨江小城。传教布道，美食珍馔，莺歌燕舞，一时间小城浮华，好像上海滩般华丽热闹。

西风东渐，潜移默化地改变了芜湖的城市气质。这中西文化合璧的独特气质，至今在具有浓郁欧式风格的雨耕山西洋建筑群之间仍可感受得到。

自 1887 年起，英国、法国和西班牙等国家在此兴建了大量西洋建筑，特别是在雨耕山顶修建的英国驻芜湖领事官邸，让雨耕山进入了芜湖人的视野。

1887 年，法国传教士金式玉始建“华东第二大天主教堂”之称的天主堂。1891 年 5 月，教会和当地百姓冲突，教堂被焚毁，后由清政府与上海法国领事馆协议斥资 13 万两白银于原址重建。

1935 年，西班牙籍芜湖天主教第二任主教蒲卢从国外募捐，以“工业建国”为办学宗旨，在雨耕山旁建立内思高级工业学校。

如今，雨耕山区域内，始建于 1887 年的原英国领事馆官邸和始建于 1912 年的神甫楼均列入国家级文保建筑，始建于 1935 年的内思楼为省级文保建筑，还有始建于 1887 年的华东地区第二大天主教堂存留，总面积 2 万余平方米，是安徽省内现存规模最大的西洋近代建筑群。

历史烟云散去，雨耕山历史建筑群落散发着深厚而隽永的浪漫文化气息，仍然影响着这座城市。

透过酒杯重新发现雨耕山

改革开放以来，芜湖被国务院批准为沿江开放城市，老字号继续发扬光大，成为现代商业“旗舰”不断“抢滩”的金色江岸。

作为安徽省第二大城市，经济、文化、交通、政治次中心，为三大旅游中心城市之一，近年来芜湖市的“金字招牌”也不少：皖南国家文化旅游示范区门户城市、皖江城市带承接产业转移示范区核心城市、南京都市圈成员城市、合芜蚌自主创新试验区城市、中国优秀旅游城市……

见证芜湖百年繁华的雨耕山，汇集了酒文化、建筑文化、广场文化、商贸文化、民俗文化等多元文化形态于一身，同时将芜湖作为对外通商口岸衍生的码头文化、宗教文化、西方文化与本地文化、城市文化相融，是芜湖市近现代史上重大历史事件和对外文化交流的见证，也是芜湖市文化旅游的优势资源。

芜湖市政府审时度势，于 2012 年邀请国际顶级的西班牙塞纳齐建筑设计院设计中西合璧的文化景观园区——雨耕山酒文化创意产业园。拟依托原内思高级工业学校以及现存的西洋风格建筑，打造“隐于繁华、深度品位”的酒文化产业园。

2014 年 3 月，雨耕山酒文化创意产业园正式招商签约，芜湖市雨耕山实业有限公司成为园区运营商。次月，雨耕山公司即邀请浙江工商大学（现改名杭州商大）旅游规划设计院团队进驻，由我主持《中国雨耕山酒文化创意产业园旅游总体规划》，在这 55 亩位于芜湖市商业核心地带的老城区内，打造中西酒文化体验旅游和健康时尚生活的新天地。

国际顶级的概念设计，在芜湖雨耕山将如何对接落地？

有挑战的项目才能发挥出超常的水平和潜能。我隐隐产生了一种大战前夜的兴奋。

受邀参与这个项目时，我的学生纷纷去百度，“雨耕山”到底是个什么地方？是否有历史文化遗存？又是否如沧海遗珠一般被世人所不识？这是策划人的本能反应，就像是考古专家挖到了一件文物，一定会迫不及待地鉴定它的历史价值一样。

事实证明，中国地大物博，任何一处所在都能带来惊喜。然而，也在侧面反映了该景区品牌认知度不高，甚至鲜为人知的现实情况。

项目地处芜湖市中心城区的核心商圈，西邻滨江公园，周边有天主教堂、中江塔等历史景点，东距芜湖最繁华的商业街——中山路步行街仅 600 米，拥有丰富的绿色生态、历史人文和商业中心资源，天资禀赋具备一定的优势，只是没有充分挖掘。

雨耕山，是一块在历史云烟中沉淀又在时代的浪潮下焕发崭新生命的热土。地处在芜湖长江南岸的一处高地上，云集了众多国保级的西洋建筑，纷纷讲述着一百多年前这座城市的无奈和沧桑。

夜色下的雨耕山，密集的灯光摇曳在古老的建筑群中，却看不到辉煌如宫殿一般的繁华情景。站在广场之上，我心绪虽复杂，思维却清晰无比：

雨耕山如何在未来的区域竞争中找准定位，差异化发展，并进行原子弹式的营销突围?

如何打造雨耕山的旅游品牌，并通过旅游来带动芜湖市的产业发展?

如何让外界迅速认知雨耕山并广为流传……

我把目光聚焦在一个“酒”字上。

雨耕山，西洋建筑是外在形式，小资格调是内在神韵，酒是绘形传神的最佳媒介。

酒不醉人人自醉。在古今中外文人眼里，酒是人类各种情感的催化剂。

酒是豪情的。“人生得意须尽欢，莫使金樽空对月。”“白日放歌须纵酒，青春作伴好还乡。”“酒酣胸胆尚开张。鬓微霜，又何妨！”“痛饮狂歌空度日，飞扬跋扈为谁雄。”

酒是柔情的。“今宵酒醒何处？杨柳岸，晓风残月。”“三杯两盏淡酒，怎敌他晚来风急！”

酒是理性的。“今日听君歌一曲，暂凭杯酒长精神。”“明月几时有？把酒问青天。”“一壶浊酒喜相逢。古今多少事，都付笑谈中。”“狂来轻世界，醉里得真如。”

酒是感性的。“葡萄美酒夜光杯，欲饮琵琶马上催。醉卧沙场君莫笑，古来征战几人回？”“绿蚁新醅酒，红泥小火炉。晚来天欲雪，能饮一杯无？”

酒是神圣的。“在荷马的青铜杯里闪烁着你名字的光芒，黑色的葡萄酒啊，你使人心花怒放。千百年来，你在人们手上传去传回，从希腊人的兽头觞到日耳曼人的羊角杯。开天辟地以来，你久已存在，把力量和神威奉献给一代一代。”

酒是梦幻的。“如果我们喝点葡萄酒，我们就能从茫茫黑夜中看到梦想的星光。”

……

酒是一种液体，酒是一种文化，酒是一种格调。

人们孜孜追求的诗与远方，与酒相搭配更令人动心。因此，把酒文化糅合进旅游景区建设中，是生花妙笔，能调动旅人的各种情绪和想象，乃至在实景体验中，促进消费升级。

目前国内以酒文化为主题的旅游景区，大多是酒厂的另一种营销方式。那么，作为集中西历史文化沉淀于一身的雨耕山，如能糅合古今中外酒文化，营造出独有的景观特色，则可在国内同类景区中脱颖而出，独树一帜，成为酒文化的代言者。

酒文化创意产业园，是雨耕山的，更是世界的。

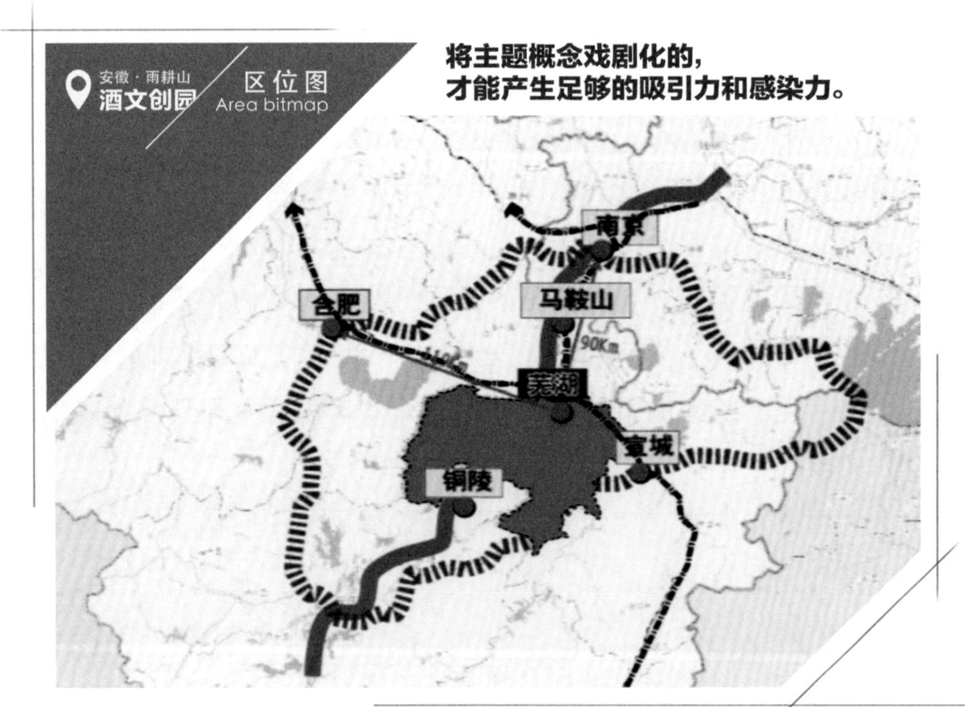

把盏雨耕山，依江邀天下

雨耕山创意园区项目地属山丘地形，用地范围内地貌复杂，最大高差达 12 米之多，地势上以英国领事官邸为最高点向四周递减；地块内原有老建筑，围合成 2 个景观广场，即西班牙广场和马约广场，地块东侧拆去原有老建筑后，与原操场整合为毕加索广场。

园区面积很小，但空间内容极为丰富：有西欧数国文保建筑、中式传统建筑和现代建筑；功能有教堂、学校、领事馆、民居。不仅有地形高差，且有地下防空洞。可谓高低错落，上下交融。如何“以酒为媒”，向游客讲述一个历史底蕴与异国情调相融的罗曼蒂克故事?

首先，我们确立了五条规划原则：

——聚焦酒文化，创意独特性。将中西酒文化与原有的西洋建筑、地下人防、宗教场所和地域文化融为一体，通过文化创意，构建一个芜湖市独具特色的酒文化旅游景区。

——尊重历史遗存，丰富游览体验。严格保护原有的历史建筑和文化遗迹，融入休闲、娱乐和文化体验活动，通过合理的游览组织和活动参与，为旅游者提供丰富的文化体验感受。

——兼顾现有格局，构建立体空间。保持建筑规划确定的格局不变，构建地下人防、负一层地下和地面三层立体游览空间。

——新媒体“网络与电子商务”营销。将酒与人生、文化、友情、生活、商贸巧妙结合，通过商旅互动、口碑相传、新媒体营销等手段，使雨耕山景区品牌及其酒文化品牌相得益彰。

——规划服务体系，完善配套设施手段。近期以国家 3A 级景区为目标，完善各类配套服务设施和基础设施。

然后，制定三大战略：

“主题特色”战略——彰显酒文化旅游主题，形成酒文化体验特色。

“品牌效应”战略——利用雨耕山独特资源和多元空间，通过旅游者享受高端精品服务所形成的口碑而提升知名度，促进酒品销售和品牌价值提升，创造更大的经济和社会双重效益。

“扩张提升”战略——以雨耕山中西建筑交融、中西酒品聚合和适度注入本土酒文化元素为廊道，积极引入海外游客，打造国际酒文化旅游平台，成为建筑、酒品、游客“三汇集”的旅游目的地。

把盏雨耕山，依江邀天下。

据此，我们以“品酒论天下，醉美雨耕山”为口号，设计园区总体旅游形象为“中西酒文化体验旅游和健康时尚生活的新天地”。围绕这一形象，在目标与战略上重点突出 4 个“四”：

四美——美酒、美食、美景、美好夜生活。

四秀——建筑秀、窖藏秀、文化秀、灯光秀。

四地——中国酒交易集散地、世界酒文化鉴赏地、中西酒休闲新天地、中国酒产品展示地。

四区——国家 3A 级景区、夜休闲特色文化游览区、区域性酒品贸易区、中西酒文化及品牌展示区。

本旅游区功能定位为芜湖市晚间休闲娱乐集聚区，长三角知名酒文化体验旅游区，近代中西文化展示的旅游综合体。

我们在理念上重点突出“两个融合”：

一是旅游与多元文化的融合。西洋建筑文化、多国海关文化、中西酒文化、海外宗教文化、芜湖历史文化等共同构建了雨耕山多元文化融合的结构体系。雨耕山项目多元的建筑风格与历史价值在横向上形成了中西差异，在纵向上形成了传统、现代的差异，丰富了建筑艺术，融合为地块独特建筑文化。其中，欧式文保建筑由于其历史价值和功能，本身积淀了浓郁的近代以来的西洋文化，如英国领事官邸的英伦文化，神甫楼的天主教文化等，再加上雨耕山酒文化的商业经营与文化展示，使雨耕山地区成为多元文化的载体。此外，以芜湖市的历史文化（例如码头文化）为雨耕山文化大观园的基调，也是贯穿雨耕山地块多元文化融合的轴线。从而，雨耕山酒文化创意园无论从商业发展还是旅游发展，都能上升到文化层面，塑造一面旗帜。

二是旅游与商业的融合。雨耕山酒文化创意园，以打造国内一流中西酒文化产业综合平台为长远目标，结合项目所在地绝好的经济地理位置、珍贵的文保建筑、独特的地下人防空间，将酒文化融入商业与产业联动、产业与金融联动、产业与文化联动。通过旅游景区建设和对外宣传，满足游客旅游休闲和文化体验的需要，通过旅游者的口碑宣传，宣传酒类品牌，促进酒品消费，提升服务价值，将旅游与商业完美结合。

“两个融合”催生“三大功能”：

一是商贸旅游功能。酒文化商业经营，包括酒藏、品酒、名酒交易、酒类代销、酒品展示、酒文化体验等业务，是雨耕山酒文化创意园商业运作的重要内容。旅游区景区化经营，即将雨耕山酒文化创意园打造为国家3A级景区，提供餐饮、娱乐、购物、休闲服务，为酒品商贸游客提供配套服务。

二是旅游休闲功能。雨耕山也是芜湖市民的休闲娱乐广场，独特的休闲功能与娱乐空间将成为市民晚间休闲娱乐的重要场所，为打造“欢乐芜湖”做出贡献。

三是文化体验功能。文化体验功能包括两方面：

西洋文化体验——现有的西洋建筑本身就是历史文化与生活的再现，通过还原文保建筑原有生活空间与环境来浓厚雨耕山地块西洋文化的韵味，为旅游者提供深刻的西方文化体验。

酒文化体验——由于雨耕山经营主题为酒文化，园区关于饮酒之道、赋酒之礼、容酒之器、品酒之法等都具有相对有影响力的体验项目。

根据园区内现有情况和未来雨耕山改造设计后的新面貌，规划形成“中西酒文化观光游”“古今酒文化体验游”“酒品鉴赏休闲游”“酒品交流商务游”“雨耕山文化夜休闲”五大旅游产品体系。

中西酒文化观光游——以中西酒品的特色陈列，充分展示中西酒源、酒品、酒器、酒具的差异而形成的美感，以及同酒文化紧密相连的不同风格建筑、园内的雕塑构筑、墙上的壁画诗文、时有的演出活动所构成的一幅幅动静结合的画面，不仅增加了游客了解中西酒文化知识，也带来丰富的视觉享受，极具观赏价值。

古今酒文化体验游——从古代的酿酒工艺、盛酒器具到饮酒的礼仪规矩，让游客深深感受到华夏五千年文明与酒文化的源远流长。再以当代人开放后的热情与豪放，喝上一杯“名酒”，体验穿越时光的感觉。

酒品鉴赏休闲游——园区内陈列、展示着各种不同国家、不同区域、不同厂家、不同类别、不同品名的酒，不仅供游客观赏，也让游客有所品尝。一个人在世上的遗憾多的是，可在这里却能让你有机会品尝到梦寐以求的酒味，在不知不觉的旅游休闲中实现自己的又一个小心愿。

酒品交流商务游——园区是中国最大的酒品集散地，不仅酒多，且人也多，有生产商、销售商、采购商，也有游览者、观光者、体验者、消费者，但无论他们是谁，不管来园区的初衷是什么，到最终都会兼具两种身份：既是游客，也是买家。他们在游览中购买了酒品，或在这里享受了环境的多彩、人湖的多姿。

雨耕山文化夜休闲——以酒文化为主线，以酒品为内容，以建筑、景观、人流构成大场景画面，形成自己独特的文化，这文化内涵、文化气息、文化氛围，尤其在月色、灯光下所产生的“灯红酒绿”的环境效果，让人吃在其中、喝在其中、观在其中、购在其中、乐在其中的休闲享受是他处所不及的。

雨耕山，将成为我国酒文化特色旅游线上的一颗明珠，其东西方建筑的融合，让东西方酒品的聚合而迸发出更加令人回味的东西方酒文化艺韵。

明珠明珠，将沙砾磨砺成珠，以棱角尽失换得这璀璨圆润，再散发出世人所钟爱的光泽。

古今中外酒文化的激情绽放

我们的设计分别从地下和地上两个部分展开。

地下空间是我们为项目打造的第一大亮点。项目园区地下拥有“一环、两片、三区、多点”的人防空间，空间总面积超过5000平方米，常年温度保持在15~18℃，是不可多得的酒窖首选地。充分利用雨耕山废弃的地下人防工事，通过改造后可达到7000平方米，能成为天然的顶级酒品储存、品鉴、展示空间。依托这一独特优势可以打造成最具特色的地下博览中心、窖藏中心、交易中心、文化中心、体验中心，成为中国最大地下酒窖群，满足游客地下深度体验和探险猎奇的需求。

独一无二的地下人防空间是不可多得的储酒窖藏资源，再加上芜湖市本地没有地方名酒品牌，从而有条件成为全国乃至世界酒企业广泛接受的无排他性酒文化展示地。我们巧施“连环计”，提供独特的酒品窖藏和地下游览空间，将以“酒文化”为主题的旅游发挥到极致：以“酒”为脉，将西方建筑、宗教文化、贸易、鉴赏等“连”在一起，延长游客的停留时间，扩大品牌，增加旅游收入，带动产业发展。观光游、文化游、休闲游、体验游……游不完的美景，品不够的美酒，听不尽的故事，使游客流连忘返，永不尽兴，让游客停留时间从白日至夜晚……

在地面层以下负10米处，我们设计一环多节点：一环即由毕加索至西班牙广场，形成地下人防环线；多节点即在环线周围设置多个相对独立的小型酒室。地下人防内多个节点按照旅游需求和红酒窖藏条件，分为酒品展示区、酒窖储存区、休闲品酒区三个功能区块，集开放性和私密性于一体。酒品展示区以艺术展柜、抽象雕塑、创意酒座等方式，展示各国著名葡萄酒形象，只为博游客“会心一笑”；酒窖储存区该部分由于受到葡萄酒储存条件的限制，不对外开放；休闲品酒区：取一杯美酒于品酒厅细细品尝，并配以文化墙、朋友聚会、商务洽谈等设施和功能，名酒、名画、名古董，尽览怀中。与地气相接，储藏优质红酒；与人气相通，品鉴巷深酒香，营造出具有浓郁欧式窖藏风格的，质朴典雅、浪漫个性的环境氛围。

根据我们的规划方案，由哥德芬（Godolphin）团队深化设计的雨耕山葡萄酒窖，凭借匠心独运的设计风格以及就地取材、变废为宝的国际环保设计理念，2015年先后斩获英国FX国际室内设计大赛博物馆及会展组别金奖（这也是该项全球顶级设计大赛首次把金奖颁给酒窖设计）、IIDA亚洲最佳设计金奖以及InteriorDesign杂志颁发的2015年度最佳设计金奖，得到世界认可。

地上部分，我们划分为接待服务区、毕加索广场白酒文化展示区、西洋建筑展示区、西班牙广场红酒文化体验区、宗教文化旅游区、马约广场商务区。

园区内英国领事官邸位于园内最高点，沿东西方向向两边递减；毕加索广场地势最低；西面台阶之上与西班牙广场同处一个平台。道路交通分为两部分：外部机动车道和内部游步道。外部机动车道供自驾车游客前往内思楼红酒国家馆、茶吧、咖啡厅、西餐馆和停车场；内部游步道方便游客步行参观游览，以东西方向为轴线，串联三大广场。围绕三大广场的三个主题形成不同风格的建筑形态：毕加索广场新建 2 座建筑呈现不规则线条美，与文保建筑的西方古典风格既相互补充又形成反差；西班牙广场以三大文保建筑为主体，是园区的重中之重、核心吸引力所在，在保留原有形态基础上对墙体立面、门窗装饰等加以改造，提取西方酒文化符号，彰显园区文化特色；马约广场，整体建筑风格为商务办公型，中规中矩。二楼阳台式走廊将各个建筑相连通，使一楼中心广场呈“被下沉式”。以三大广场为中心，形成三大格局，呈区块状分布。

根据地形特点，地面层主要通过建筑和景观两方面造景，来达到吸引游客、聚集人气的目的。三大广场中都有标志景观，使游客不仅能欣赏到环境的壮观和唯美，还可在此拍照留念；园区内的绿化、小品、喷泉等，通过对空间的营造使得游客切身体会到所谓“疑无路”，却是“又一村”。

除地面层的精心设计外，还要充分利用屋顶，在屋顶上，既可以一览城市风光，又在空间利用上别出心裁、与众不同，私密性较高，不完全开放，游客“只可远观而不可亵玩”。由于白天高层空间不能直观感受，因此主要以夜晚灯光打造为主。通过灯光的色彩、造型、艺术设计以形成独特的旅游资源，以其神秘感吸引游客前来欣赏顶层外沿的壮美和幻想置身其中的感觉，满足游客对美无极限的需求。

园区重点策划了十大项目：

“对酒当歌”——主题广场酒吧，位于毕加索广场中心，白酒文化展示区。该区域营造一种海纳百川、中西兼具，正所谓和谐融洽的色彩氛围。与广场标志性景观相呼应，以自由、欢乐、畅想为主题，演绎“对酒当歌”的文化内涵，营造“人生如梦，一樽还酹江月”“人生得意须尽欢，莫使金樽空对月”“醉里乾坤大，壶中日月长”的意境。在广场的雕塑旁、大树边、霓虹灯下配上一台一坐，规划有艺术观赏价值、简易性的露天单体“台吧”。广场上合适之处安置漂亮的售酒小屋，供应适合的酒品。这样的露天单体酒“吧”比室内酒吧更具灵活性和随意性，配上芜湖美食“陪酒菜”，配上歌曲、音乐，营造热情欢快、乐观自由的氛围，引领游客融入白酒之醇、之香、之醉中，让游客好好过一把瘾。

“激情绽放”——演艺区，位于毕加索广场负一层。体验馆内中心宽敞区域设置压轴式站台，在特定的时间举办有关白酒的节目演艺：《都市丽“酒”》《遗忘在酒中的烦恼》等现代舞，形象表达出人们“酒肉穿肠过，朋友心中留”“半斤不当酒，一斤扶墙走，斤半墙走我不走”对酒的酷爱；《月下独酌》《杯中物》《觥筹交错》等古代舞，以中国传统酒文化为主，通过历史情境再现、文化故事复原演绎出一场场惊心动魄的情景剧，与游客在精神文化上产生共鸣；《威士忌》《朗姆》等西方舞，以西方酒名字代为舞蹈名称，不仅简单易懂，而且主题喻意鲜明。《威士忌》为西方摩登风格的舞蹈（比如探戈），舞步挺拔、豪放、健美，加上举起的酒杯好似人“醉到深处情不自禁”；《朗姆》以富有动感的爵士舞，通过身体的抖动、颠扭将饮酒之后人内心的感受以一种自由淳朴的方式生动表现。演艺内容还可根据重大节日做调整。

“醉歌梦月”——品酒区，位于内思楼“T8”空间，为别开生面的以红酒文化为主题的酒吧，以特色的环境装饰、营造个性的氛围，让酒吧充满激情、浪漫、诗意，给游客带来超越现实存在的、不同凡响的文化感受。酒吧对游客开放，组建一支专业乐队演奏安徽本地民歌《莫笑穷人穿破衣》《四季歌》《小调》等，抑或以《舒伯特小夜曲》《爱之梦》等世界经典音乐，撩动游客心弦，还可以邀请国内知名乐队（比如，信乐团、苏打绿、五月天等）作为其酒吧形象代表，满足年轻游客的追梦情怀；设计不同大小酒瓶，盛上不同深度的水做演奏乐器，达到丰富酒吧内容、吸引游客的目的。同时，布局红酒国家馆、茶吧、咖啡厅、西餐馆等国外红酒、烈酒展示和娱乐休闲场所。

“酒语艺购”——游购区，位于思楼休闲长廊，以葡萄酒文化的传说景墙、各种各样的酒类工艺品陈列、各色各类艺术酒品包装展示组成的休闲长廊，是游客既游又购的理想之处。顶部和墙面是以红酒文化为主题的历史墙面，选择或木雕或版画或彩绘的方式，将古波斯王葡萄酒酿制故事娓娓道来。楼顶安排五线谱装饰楼顶建筑外沿，夜晚配以灯光，远观可形成“美酒飘香歌绕梁”的意境。内部有供游客休息的“流觞”式拟水座椅、物美价廉的关于酒文化的手工品；还有面积较小的由竹篱笆圈起的室内草坪，草坪上点缀一些正在饮酒的卡通人物。

“酒市春天”——售酒区，位于地下人防。地下人防最大的优势就是四季如春，特别是夏天和冬天，适宜的自然温度会吸引游客进入，给该区域集聚人气创造了良好条件，为市场提供了商机。利用这样的有利条件，在地下人防中陈列展示各种酒品的同时，通过提供游客的品赏活动，让其自然而然产生购买欲望，开始从“舌尖之旅”转入“购物之旅”。地上部分根据园区内的地势特点和功能需求，分别设置各项活动内容，结合较宽敞的园区环境，使得游客可以在此品赏、选购红酒。地下人防作为红酒文化收藏、体验、品鉴中心，应涵盖世界各国著名红酒产品和国内知名红酒品牌。

“连理之树”——品情区，位于西班牙广场。“在天愿作比翼鸟，在地愿为连理枝”，表达出人间最唯美的真爱。碰巧，园区内生长了一棵同根异干的连理树。依据这一天作之合，开启爱情专栏，让爱情、浪漫、红酒有机地编织成一幅立体情景画。“情不知所起，一往而深。生者可以死，死可以生。”羡煞了多少青年男女，赴汤蹈火都只为一尝其中酸甜苦辣。针对青年游客的这一爱情心愿，以连理树为中心，由专业人士指导并主持的一场“聆听爱情誓言，赠送爱情箴言”游戏活动便开始了。在现代香车玫瑰成为主流信物的时代，情书、诗歌、香囊已被人们渐渐淡忘，本项目别出心裁设计各式各样独具特色的“比翼鸟”饰品作为青年男女之间的爱情信物，情侣游客可将此系挂在连理树上以预示爱情的坚贞不渝或把署有彼此名字的比翼鸟带回家中留作纪念。

“朋友，干杯吧”——主题广场酒吧，位于西班牙广场中心红酒文化体验区域，与广场标志性景观相呼应。两个酒具意喻“知己相遇”和“推杯畅饮”，营造“一杯红酒喜相逢，古今多少事，都付笑谈中”“但使主人能醉客，不知何处是他国”的意境。周边合适的地方配上相关的红酒文化双体雕塑，和标志景观相辉映，加强“把酒问青天，不知天上宫阙，爱情是何物”的相恋之思和“劝君更尽一杯酒，咫尺天涯有情人”的浪漫情怀。在广场上规划一些有艺术气息、简约型的，可为了变换广场空间效果、可根据季节变换色彩效果的构筑物，内设双人位，为“简吧”。“简吧”中从位子到环境布置，从杯盏到酒类，都要营造一种友谊的氛围和气息。在这样的“简吧”消费，感觉比室内更灵动、更贴近自然，消费者享受的不仅仅是美酒，也可欣赏流动的人群相映在建筑旁的美景；同时，他们和它们也成了游客眼中的风景。

“餐饮天地”——吃喝区，位于建筑 A3 和 A4 的位置。着力打造“吃穿住行游购娱”环节中的“吃”与“购”的环节，在马约广场和西班牙广场结合处安排餐饮、购物专项场所。这里的商品与美食来自世界各地，纯正原味地呈现和销售，让游客在这里能购天下美物，尝天下美食。按照区域范围分为芜湖美食、安徽美食、全国其他地方美食和世界美食四类，荟萃当地特色名小吃（比如，耿福兴的酥烧饼、红皮烤鸭、瓦锅饭）；全国特色风味（比如，川菜馆、湘菜馆、北京烤鸭）；国际知名餐饮品牌（比如，满记甜品、避风塘、上岛咖啡）到这里投资落户。打造购物商城，以“购物 · 生活”为经营理念，吸引国内外知名品牌入驻，采取完善的客户管理系统和网络，提供优质高效的个性化服务。

“美酒聊共挥，远慰风雨夕”——主题广场酒吧，位于马约广场，是以“美酒聊共挥，远慰风雨夕”为主题的标志性景观，多个酒具意喻朋友欢聚。周边合适的地方配上相关的酒文化群体雕塑，和标志性景观相辉映，加强“酒逢知已千杯少”的朋友之情和“有酒不饮奈明何”的壮士情怀。营造“一两二两漱漱口，三两四两不算酒，五两六两扶墙走，七两八两还在吼”“酒肉穿肠过，朋友心中留””的意境。在马约广场合适的位置，与广场上相应的构筑物有机结合，布置各色各样的伞组成富有艺术氛围的“伞吧”。夏天考虑凉快，冬天考虑避风。尤其是晚上，让盛大的灯光和柔和多彩的伞面交织成一幅绚丽的画面，把游客的激情点燃，让夜休闲文化生活更加“热热闹闹”。

“酒艺之园”——玩乐区，位于马约广场，中国酒文化源远流长、博大精深，利用马约广场合适的位置，将华夏先人酿酒工艺以雕塑的形式表达，每一处造景都有一个有关酒的故事，形成可以增长知识，又可以游玩互动的雕塑园。“曲水流觞”已经成为人们以酒交友、以酒会文、以酒取乐的雅事。还可以选取中国古代与酒有关的故事和当代人们喜闻乐见的游戏结合起来，吸引更多的游客来此学习知识、参与活动。

值得强调的是，这是一个旧城改造项目，我们十分注重在资源保护的前提下进行开发利用，原则上不改变现有的国家级文保建筑英国领事官邸、内思楼、神甫楼和天主教堂的外形、结构，尤其不能损害英国领事官邸和内思楼典型的欧式建筑风格，而是通过清洗、润色，来凸显其华美的墙体线脚、精湛的建筑技艺、合理的空间组合，使得游客情不自禁联想到西方贵族生活：一袭华贵的礼服，一幅经典的名画，一杯名贵的红酒。

游线设计上，考虑内外两个方位的旅游线路，内部形成五个游览节点：

一醉知鸠——现代式的毕加索广场与近代文保建筑毗邻，广场四面古今风景步移景异。“酒神”处于广场中间，那些似醉非醉、神采飞扬的传说中的人物仿佛穿越时空来到了我们面前，让我们感怀过去、珍惜现在、畅想未来。内思楼空中酒吧——“T8”，若隐若现，引人好奇。

夕阳（西洋）流霞——四周西洋建筑环抱着西班牙广场，一时间时空错位。古典的领事官邸与素雅的内思楼彰显着上个世纪的英伦风情。内思楼一侧的连理树，相传是当年一对恩爱的情侣所种，富有传奇色彩的是这里成了学校以后，学生们为了锻炼身体，在这横了一铁棍作为单杠，由此成了名副其实的连理树。后人求姻缘，便会来此树上挂祈福带许愿。

后园泽露（择路）——位于吉和广场对面，天主教堂之侧，神甫楼前。在这里，没有神或真主在前的那种局促，却也能真切感受这块受庇护的福地的炽热，体验其给予世人的恩泽。与“真主喂羊”的雕塑的对景是“涌思泉”，为过路人净化心灵，沾取福泽。

中楼合宇——传统的中式建筑围合出了现代气息浓郁的商务中心，成为现代生活节奏的新天地。尤其是马约广场中心雕像，以其独到的方式感知和记录着这里的每一天。

车马古津——内思楼入口大门仿佛是一个通向另一个年代的码头，通过这里可到达“T8”空间，或内思酒吧、内思剧院、内思酒店，将人们暂时置于上个世纪的时间结界。

外部规划两条芜湖市镜湖区雨耕山酒文化创意产业园文化旅游线路：即“阳光之旅”和“月光之旅”。

阳光之旅的旅游线路是：毕加索广场—“醉歌梦月”品酒—“酒语艺购”游购—西班牙广场—吉和入口广场—马约广场，体验古今中外建筑艺术、酒文化创意景观、宗教文化气息、丰富台地景观、中外饮食文化、现代商务文化，赏建筑艺术、探美酒文化。侧重于白天有游览、体验、参与特色的点，沿线以休闲，商务活动为主。

月光之旅的旅游线路是：毕加索广场—“激情绽放”演艺—

“酒市春天”酒售一西班牙广场一美食大楼一内思大楼入口，这条线路串联了古今中外建筑艺术、中外酒文化、防空洞藏酒文化、祈福连理树、天主泽恩泉、内思剧院、T8 空间酒吧走台地景观，品人间美食、享小资情调。串接灯光效果较佳的街区，宜于夜休闲活动的区域沿线以观光、玩乐和商务为主。

春夏秋冬游，雨耕山上留。东西南北酒，雨耕山中有。

一个融通古今，荟聚中西的主题景区，以酒文化为依托，糅合观光、体验、科普、休闲、娱乐、购物等多元业态于一体，正在形成酒商相依、区域联动的，体验中西酒文化精髓的旅游景区，独具特色的晚间休闲娱乐集聚区，在皖南大地的江城激情绽放。

[策划札记]/Notes

策划者的“游客”身份

在项目策划前期考察过程中，策划者须将自己作为游客的代言人，寻找所需要的是什么，思考游览、观察、品尝、购买都应该是在什么地方和什么时间发生，才是最恰到好处的。变化的游览情趣，惊喜激荡的高潮又该怎样推出，都必须有所把握。

当策划（或规划）完稿后，策划者也同样须以第一个游客的身份在规划的“景区”里游览、体验一下，二下，甚至好几下，感觉满意吗？

这是一个旅游策划人的使命。

一般来说，主题策划是成功策划的灵魂。只有将产品概念进一步提炼、升华为形象化、情节化，甚至戏剧化的主题，才能对消费者产生足够的吸引力和感染力。然而，并不是所有的旅游策划都是先有产品概念，而后有主题。雨耕山酒文化创意基地就是先从主题开始，再产生一系列构思的，尤其是多元文化的糅和，进而发展成产品概念和具体项目。

这一阶段的“游客角色”是非常重要的。

河南·鲲鹏小镇：
茶乡之王，鲲鹏展翅

一座小镇，一处园林。

一杯清茶，一丝悠然，一份心境。

一种文化，一类品质。

一种别样的生活。

这，就是鲲鹏小镇旅游给你的奉献。

中国毛尖之都：南茶、北茶、信阳茶

大山有别，水佳为淮；人言曰信，日升为阳。

巍巍大别山横亘于南，浩浩淮河贯穿于北，山与水之间，是华夏文明最早的发祥地之一，一座源远流长、底蕴厚重的淮上古城——信阳。

雨声踏入林竹墨桑，择一城白老。

信阳市位于河南省南部，地处淮河上游、大别山北麓，中原之中。这里气候宜人，雨量丰沛，植被茂密，山水秀丽，风光旖旎，是重要的地理分界线：800 毫米降水分界线、冬季零度分界线、亚热带和暖温带分界线、阔叶林和针叶林分界线，是自然地理上的南北过渡带。在北方人眼里，信阳是江南；在南方人眼里，信阳是北国，故而信阳有“北国江南，江南北国”之称。

适宜的阳光、土壤和气候，使信阳与茶缘分匪浅。信阳茶始于周，名于唐，兴于宋，盛于清，扬于今，茶的芬芳已在信阳的历史光影中氤氲了 2300 多年。

唐朝，茶圣陆羽在《茶经》中记载：“淮南以光州（今信阳）上”。一代女皇武则天清心向佛，偶饮信阳茶而胃病肠疾皆愈，遂于车云山上敕建千佛塔。

北宋，大文豪苏东坡谪居信阳三月，尝遍名茶后而挥毫赞曰：“淮南茶，信阳第一，品不在浙闽下。”

近代，“信阳毛尖”先后荣获1915年巴拿马万国博览会金奖、1958年被评为全国十大名茶之一、1985年国家金质奖、2007年日本世界绿茶大会最高金奖。

2017年，在农业部举办的中国十大茶叶区域公用品牌评选中名列第二，信阳毛尖品牌价值达59.91亿元，信阳被授予“中国毛尖之都”称号。

沧海桑田，惟青山绿水茶香依然。沁人心脾的清茶流淌于信阳人的血液中、融于信阳人的骨子里。在信阳，毛尖茶已成为乡愁的名片、城市的符号与灵山秀水的表征。目前，信阳市茶园面积210.8万亩，总产量6万吨，总产值105亿元，已成为我国长江以北地区最大的茶叶产销集散地、“南茶北销，国茶外销”的重要平台和独具特色的茶文化旅游目的地。

“中原第一湖”南湾湖畔，“一湖碧水、十美乡村、百里茶廊、千峰竞秀、万顷林海”的浉河区浉河港镇，平均海拔在700米以上，生态环境最适宜茶树生长，是信阳大茶乡里的小茶乡，是金奖“龙潭牌”信阳毛尖的正宗产地。所产茶业素以“外形细、圆、光、直、白毫显露，内质汤青色绿，香高浓郁持久，滋味醇厚”而饮誉中外，被全国著名茶叶专家、中国茶叶质量评委于杰誉为“茶王之乡”。

鲲鹏茶叶集团是浉河港乃至信阳茶叶的佼佼者，在浉河港镇四望山、两潭一寨、八里坡等地建立5000余亩茶园基地，是集上品信阳毛尖有机种植、纯手工炒制以及标准化生产为一体的农业科技发展公司。2014年5月，鲲鹏茶叶集团老总邀请我们到距信阳市40公里外的浉河港镇郝家冲村新店组，指着一片茶山说：“你能不能为我规划设计一个不一样的茶园？”

才饮芜湖酒，又品信阳茶。

市场需要一个怎样的鲲鹏茶园呢？

我协同浙江工商大学（现改名为杭州商大）旅游规划设计院团队走进了这片山环水绕的地方。

茶，是一种生活方式

1000 多家茶企，210.8 万亩茶园，超过 100 万名茶农，年产超 6 万吨茶叶，年总产值达 105 亿元……茶产业已成为信阳特色农业和生态经济的支柱。

如果在茶言茶，信阳茶的本地市场已趋饱和，也不是委托方的本意。通过前期沟通交流，双方达成初步共识：要以信阳茶品牌为依托，农旅融合，打造一个与众不同的体验式休闲旅游基地。

从1992年信阳市举办首届茶叶节起，经过20多年品牌经营，信阳的“中国毛尖之都”和浉河港的“茶王之乡”美名远扬。在这样的大环境下，新店这 37.5 公顷茶场的发展该如何定位？优势、劣势、机遇、挑战在哪里？如何围绕这一片小小的茶叶作足文章？

我们先“品茶”。

在物质层面，信阳毛尖具有生津解渴、清心明目、提神醒脑、去腻消食、抑制动脉粥样硬化以及防癌、防坏血病和护放射性元素等多种功能；在精神层面，茶蕴含“廉俭育德、美真康乐、和睦相处、敬爱于人”等中国传统中庸之儒道。古云：“以茶可行道，以茶可雅志。”在中国，茶性宁静、淡泊、悠然，与中国人中庸、隐逸、闲适不争的风骨相似，因此成为“国饮”。

茶是一种饮品，更是一种文化。

茶文化源远流长。战国时期第一部药物学专著《神农本草》里记载：“神农尝百草，一日遇七十二毒，得茶而解之。”茶的起源与中华文明起源同步。

在唐代以前，茶叶的产地、产量及运输条件都极为有限，仅有南方产茶区的少数清谈家惯于以茶润嗓，或有个别标榜朴素的贵族以茶代酒。唐代漕运改革使南茶大批北上，茶叶产量激增。此时禅宗盛行，禅修者推崇心境清明，忌惮昏沉睡眠，故此有提神奇效、享有“不夜侯”美誉的茶，就顺理成章地成为僧侣文人参禅、谈禅时不可或缺的良伴。

9 世纪中叶，阿拉伯人已知晓“中国有一种冲入沸水泡饮的植物，其名为‘sakh’。此物有苦味，能治百病”。茶叶传入后，阿拉伯人一天至少三饮，一饮数杯，“宁可一日无食，不可一日无茶”。他们对茶的沉迷，即便与唐人相比也毫不逊色。

茶文化于宋代再攀高峰，宫廷、民间盛行一种对茶的色、香、味、汤花等进行钻研与品鉴的“比茶大会”，世称“斗茶”或“茗战”。茶和斗茶游戏传入日本后，尤其受到贵族、僧侣和武士们的欢迎，逐渐演变成一种通过品尝“花”“鸟”“风”“月”“客”五种茶汤来判断茶叶产地与品种的新型斗茶戏“茶香服”，流行至今形成“茶道”。

明清时期，中外茶叶贸易持续推进，中国茶经由川滇茶马古道、海上丝绸之路、中俄万里茶路等途径，进入了欧洲人的视野。1610 年，荷兰东印度公司首次将茶叶带到欧洲；1679 年，中俄两国签订了第一份茶叶贸易合同。在一些显贵名流的带动下，饮茶开始成为一项时髦的社交礼仪。

英国有一句谚语说：“世上没有什么难题是一杯热腾腾的茶所不能解决的。”日本人也常说：“早饮茶，添福运。”东西方不约而同地将茶视为幸福之源，不仅契合了中国茶文化的“和谐”精髓，也许还说明茶文化在解决人类共同难题方面，的确具有长期、公认的启示意义。

平常的水放入几片茶叶便成了茶，平常的茶溶进文化，就成了一种精神。茶在其发展史中，逐渐演绎成人类净悟心灵一种象征。

茶禅一味。禅语云，茶有人生三味：“一杯有清新甘味，二杯有人生苦味，三杯有老年涩味。”更高境界，是唐代高僧从谂禅师，一句“吃茶去”让纷纷扰扰的尘世悲欢尽随氤氲袅绕的茶香飘散。茶过三味无味无色无形无气，人生无是非无取舍无凡圣，超越理性的智慧尽在茶中。赵朴初心生感悟：“七碗受至味，一壶得真趣。空持千百偈，不如吃茶去。”

诗人张错写下《茶的情诗》——

如果我是开水
你是茶叶
那么你的香郁
必须依赖我的无味
让你的干枯，柔柔的
在我里面展开、舒散
让我的浸润舒展你的容颜
我必须热，甚至沸腾
彼此才能相溶
我们必须隐藏
在水里相觑相缠
一盏茶工夫
我俩才决定成一种颜色
无论你怎样浮沉把持不定

你终将缓缓地（噢，轻轻的）
落下，攒聚在我最深处
那时候，你最苦的一滴泪
将是我最甘美的一口茶

诗人笔下，茶为爱情代言。

现代人戏言：“妻子如水，情人似酒，朋友胜茶。”白水淡而无味，一生却离不开，少不得；美酒酩酊浓香，却多饮不得，过饮则伤身乱性，铸成大错；而清茶可以净气平神，清心养性。

茶如人生。人生如茶。

从茶的历史文化品读中悟到：茶能在世界范围经久不衰成为流行生活方式，其精神意义甚于物质意义。

一首歌可以撩起一段记忆，一杯茶可以味染一份心情，我们读懂了时光，才知道自己需要的是什么。

所以，我们就不能仅仅把它作为一种产品来打造，而是提炼并升华能让它流行千年万里的、附加的精神文化层面的东西，使其活化、物化、具象化。经过层层抽丝剥茧，我们的目标渐渐浮出水面：

鲲鹏小镇——最具特色和最富有品质的“茶文化旅游小镇”。

特色和品质如何打造

鲲鹏岭上云雾缭，南湾湖畔好风光。

清水翠山，茶园古木，生机盎然，茗茶飘香。鲲鹏小镇基地浑然天成，精致的台地肌理，雄浑的山姿暗谷，柔美的水岸泊线，辅之以深厚的文化底蕴，悠远的神话传说，淳朴的乡土风情，令人赏心悦目。我们穿行在漫山遍野的一垄垄茶树之间，看红看绿看蓝天，品山品水品毛尖。

春风，暖洋洋的，带点潮湿味儿，吹在脸上，却有点像棉花絮拂着脸上的感觉，鼻尖萦绕不绝的茶香，更让人对此地产生欣喜。

一边走，一边看，一边想：鲲鹏小镇的茶文化特色和品质如何打造?

茶产业是信阳的优势产业，但要想以其为主导推进产业结构优化升级，单靠种植和销售茶叶这种纯劳动密集型的产业向深度发展来做大做强，前景十分有限。鲲鹏小镇的发展方向，必须是以挖掘茶文化来带动茶旅融合发展。

鲲鹏小镇项目地处风景隽秀的南湾湖上游，依茶山傍溪水，翠山环抱，溪水中流，自然环境优越，兼具了北国的山川壮丽和江南河野的秀美。山中谷地顺着水域延伸展开，且层层而上，茶园呈梯田式台地依次分布。沿河流部分地势平缓，水陆交融，往山地区域坡度逐步扩大。山地、坡地、台地组合有序，分布适宜，使项目形态组合更加多元，景观营造更为丰富。规划区自然资源丰富，植被覆盖良好，山、水、林等自然要素组合完备，自然条件得天独厚。

经过走访，我们发现项目所在地狮河港镇，处在“五山两潭一寨”景观轴的轴心地带，发展目标为信阳旅游形象的一张名片，与我们的定位原则非常吻合。在未来的发展中，其品牌将体现为与周边景区的联动组合，以周围景点来助推项目的发展，又用鲲鹏小镇项目的吸引力为周边景区的振兴注入活力。通过对信阳茶文化的深度挖掘，与鲲鹏茶叶集团企业文化的未来愿景深度融合，一定可以打造独特的发展主题。

但是，浉河港虽具江南之韵，有茶王之乡美誉，但丰富的资源未能充分挖掘，周边景点知名度不高且同质化严重，茶庄林立，品牌价值不高。资源级别较低导致吸引力不足。高知名度的鸡公山、南湾湖等精品旅游资源形成对项目的屏蔽，对项目的短期运作存在一定的抑制作用。本项目在资源禀赋上相较于其他地区没有绝对优势，需要以“鲲鹏小镇”个性品牌形成自己稳定的市场，并伺机迅速延伸拓展。

我们总结了鲲鹏小镇开发的 6 点优势：天赐“良园”，物华天宝；地利人和，交通枢纽；历史渊源，茶香四溢；厚积薄发，广聚四方；创新模式，乘势而上；休闲集聚，组团布局。随着高端消费人群对休闲、养生、文化的需求增长，具有多重功效的茶叶名品需量也随之上升，鲲鹏小镇将为茶商巨贾、文人墨客、政府名人等提供理想的茶文化体验园。我们将在这里开辟信阳茶业发展的创新型道路和营销模式，营造信阳休闲旅游和对外交流的全新平台。

按照本项目的总体定位与未来发展方向，我认为“鲲鹏小镇”生态休闲游览、文化体验互动区应当实现以下不同层面的目标：

从浉河港区的层面看，本项目应当突出茶文化的品牌形象，成为浉河港区最具特色和最富有品质的“茶文化旅游小镇”。

从信阳市的层面看，本项目应当通过打造丰富而具有茶文化特色的旅游休闲项目，成为信阳对外宣传的一张名片，游客接待的前哨站点。

从豫南地区的层面看，本项目应当通过彰显自身作为茶文化“活化石”的独特形象，成为该地区“最具文化特色和景观品质的休闲游览区”，成为环南湾湖旅游线上的一颗“明珠”。

从全国的层面看，本项目通过私房茶品牌的不断提升与生态品质的持续优化，逐步发展成为“全国著名的茶文化生态休闲游览区、国家级生态茶文化旅游示范区”。

从全球的层面看，本项目未来力争成为国际茶文化节暨中国（信阳）国际茶业博览会及其他国际性会议的参观必选地，最终发展成为“世界知名的茶文化旅游区”及“最具特色的北国茶文化体验区”。

最终，确立项目总体定位为“具有社会收藏和历史传承价值的茶文化旅游小镇”。配合项目基地的建设，依托浓郁的信阳茶文化，借助政府的支持推动，使本项目成为河南，乃至全国颇具影响的中国茶文化体验园，快速创立“鲲鹏小镇”的市场知名度和品牌形象，结合休闲项目的配套完善，形成国家级茶文化休闲旅游选择地。

在文化定位上，本案是中国茶文化与园林文化的形、意结合体。

在功能定位上，主打以茶文化为内涵特色的，以修身养性，游览、休闲、体验为主要功能的茶文化旅游。把握信阳市建立“魅力信阳”的历史机遇，打造高品质、富有吸引力的茶文化旅游小镇，区别于其他旅游休闲区，着重突出其生态特色、文化特色、建筑特色、景观特色，实现“鲲鹏小镇”的旅游功能特色。

在市场定位上，以中原地区及海内外之“喜文好茶”“乐山乐水”之人群为主要客源市场。通过突出茶道人生，养生休闲意境，开辟茶文化观赏、茶艺表演观赏、采茶体验等项目，彰显茶文化旅游的丰富性。构筑完善的休闲游览服务体系，吸引信阳、中原地区直至全国和海内外消费者前来，从而提高旅游经济的综合效益。

长期以来，人们普遍将旅游策划与“点子”混为一谈，基本原因可以归咎为两个方面：一是旅游策划经历过点子策划时期，以“点子派”策划给人留下了深刻印象，时至今日，“点子”策划仍旧是策划的一种基本方法；二是“点子”向来被称为策划的灵魂，“点子”在策划中占据着重要地位，这使得人们以偏概全，将“点子”作为策划的代名词，甚至将“点子”等同于策划。

“点子”只是旅游策划中的一个环节。旅游策划需要“点子”，但不仅仅是“点子”，而是一个涉及旅游吸引物、旅游服务、旅游设施、旅游活动、旅游线路、旅游形象、旅游营销、旅游融资、旅游人力资源与组织机构等方面的系统工程，须注重严谨和敏锐的思维触觉，强调逻辑思维和整体感觉。

信阳鲲鹏小镇项目的整体策划打造了综合品质。

目前国内旅游小城镇在规划设计和建设经营上存在很多问题，归根结底是因为小镇旅游主题化差异不明显，文化特色不鲜明，或休闲产品不够创意创新，旅游核心产品不具有核心吸引力。

一个好的旅游小城镇本身就是一个景区，当休闲已经成为这个城镇、村庄的一种生活方式时，会吸引大量的游客驻足观看、游览、体验。形成“城在景中，景在城中，城景两相宜”的意境。因此旅游小城镇的打造，关键在于景区化打造手法的运用。

茶文化是中华文化的重要组成部分，具有广泛的影响力。信阳茶文化类型之多样，内涵之丰富，影响之深远在国内屈指可数。将辉煌灿烂的茶文化进行“物化”“活化”不是简单的一句口号，如何把茶文化尤其是信阳茶文化与现代休闲旅游有机地结合起来，在营销中激活本项目，是一项大挑战。

在信阳打造大别山特色休闲文化旅游区以及“北国江南、最美乡村”旅游区的大背景下，项目通过基地的自然景观和园林建筑精华的融合，形成独特的建筑风格和适宜的休闲游览场所，使鲲鹏小镇既与周边景区形成集聚优势，又具有异质性和独特性。

我们在挖掘整合“八大茶庄”“北国江南”为代表的本土茶文化底蕴中获得灵感找到了鲲鹏小镇的异质性和独特性。

晚清以来，风格独特的信阳毛尖基本形成，闻名遐迩，成为全国名茶之一。清末民国初，当地乡绅提倡开山种茶和垦复老茶园，集股筹资，先后在西、南部山区开荒种茶，相继建立元贞、宏济（车云）、裕申、广曾、森森（万寿）、龙潭、广生、博厚八大茶社，成为信阳毛尖的品质保证，近现代的获奖产品基本都出自这些老茶社，为古老的信阳茶区写下了不寻常的一页。

作为茶文化交流的载体，茶馆分北方茶庄和南方茶馆。茶馆作为喝茶人的聚集地，汇集了喜怒哀乐，容纳了悲欢离合，向我们展示了"茶生活"生动而丰富的面貌。但茶馆的特点和氛围，则南北有异，各地不同。

长江南岸的苏州、无锡、常熟、常州、镇江、南京等地的茶馆统称“江南茶馆”。南方的茶馆既有江南的清丽，又有巴蜀的清闲。江南物产丰饶，名茶多，茶业兴盛，亦多文人雅士，早在六朝时，江南的品茶清谈之风就已十分盛行，故而江南的茶馆被赋予了更多的文人色彩和雅致风趣。茶馆摆放的家具多做工讲究，装饰精致、富丽，设有书场，备有小吃、面点，吸引南来北往的商贾游人。

相比于南方的精细和讲究，北方的茶馆少了些拘泥，多了一份自在和奔放。北方的茶馆以北京较有代表性。北京的茶馆京韵十足，兼收并蓄，形式十分丰富，有历史悠久、可吃茶点的大茶馆，有以卖茶为主，门外搭凉棚的清茶馆。这里多是客商、民众歇脚或打发时光的场所，茶馆里多伴有京韵大鼓，北方的相声、评书、梆子戏。人们在这里吃茶点、听曲艺、胡侃神聊，自然茶馆也濡染着北方人的豪迈和爽快。此外，还有兼卖酒肉的茶酒馆和郊外村野的乡野茶馆。

北方茶馆的粗犷和豪放，南方的茶馆的精致与诗意，都是一种个人体验，无论豪放或雅致，都无碍于饮茶者的内在满足。

糅合历史底蕴与现实情境，我们将信阳八大茶社、江南与北国的茶馆以及茶市等历史文化元素融入鲲鹏小镇，让游客在穿越时空中了解信阳乃至全国的更多茶文化知识，并通过趣味性景观的设计，增加游客的游览热情。“信阳八大茶庄”“江南茶馆”与“北国茶庄”，是关系整个项目发展成败的引擎项目，既可融入整体发展结构，又可在近期进行独立开发与经营运作，在整体结构中凸显明珠效应。

具体规划中，我们灵活运用“七种武器”：

——设计精品，打造品牌。借茶文化之力打造鲲鹏旅游小镇，打造信阳休闲、文化旅游精品。使得本项目成为豫南乃至全国既具有人气而又不失高品质的茶文化休闲旅游“胜地”。

——文化活化，强化体验。构建茶文化游览体系，借助文化设施和茶园，大力推广“游览娱乐”“休闲养生”“茶文化体验”三大类项目。

——整合产品，优化产业。通过产品主题包装、服务设施配套，形成完整的产品体系，满足不同细分市场需求。

——增强互动，促进消费。重点培育发展“茶文化主题项目”，配套特色购物、以茶会友、以艺娱人的休闲轻娱乐业态，促进消费。

——以“点”带“面”，扩大市场。对外重点打造信阳游览休闲“核心点”，发挥品牌号召力，辐射周边市场，吸引高中端消费人群集聚，对内打通与周边景区的联系，实现产业联动，发挥“泛南湾湖旅游”的明珠效益。

——巧置节点，美化环境。品牌价值的彰显需要富有吸引力的节点的支撑，本项目至力打造精品节点，以优美环境彰显“夜休闲”文化特色，增加游客的兴趣点。

——借势营销，走向世界。借助建设“魅力信阳”发展机遇，打响鲲鹏小镇品牌，借势向全国乃至全球推广。将鲲鹏小镇项目打造成以茶文化为主题的国家级旅游精品。

一个茶文化与旅游经济完美统一的休闲农业、商业贸易、文化旅游综合体，一个注重景观生态、建筑艺术与文化体系完美结合的茶文化旅游小镇，形象日渐清晰。

一个茶文化旅游小镇的诞生

我们重视规划区生态体系的完整性，尽量根据项目用地的自然特质进行布局，在开发建设上尽量减少地形改造，保护地表植被，结合建筑设施建设，合理配置乡土植物，营造良好的整体景观环境，使整个规划区的设施建设与生态环境高度协调，并通过旅游开发来提高地区环境的品质。“寓人工于自然，寓物于景，寓文化于环境”。通过挖掘地域文化、企业文化来确定开发主题，进行大胆创新，形成鲜明特色。项目设置充分体现对人的尊重和理解，保持游览环境的安全性及生态景观的共享性。此外，实现生态景观和人工景观深度融合，“虽为人工，宛若天开”。通过合理的路网体系与景观衔接，营造旅文合一的和谐的休闲氛围。在休闲的实践活动中体验茶文化的韵味与内涵，感悟“茶道”，学习“茶艺”，领悟“茶人生”。

按照“生态优化、文化创新、人本主义、市场导向、统筹发展、可操作性”6大规划原则，对“鲲鹏小镇”的用地现状与周边区域进行了全方位的综合研究，对“鲲鹏小镇”的茶文化体验功能、商业功能、休闲功能等的整合发展模式进行了综合分析，形成了 4 条核心设计理念：

——重视茶文化的挖掘利用。在规划布局上充分利用山地台地肌理，打造若干主题功能区，将茶文化以传统园林与现代使用空间的融合为规划基本构思，将茶文化进行物化、景观化（雕塑，文化墙，音乐，喷泉，茶叶包装灯），将园林建筑空间特色（牌坊、亭、桥、园）融入景观空间。

——追求项目的高品质。项目在建筑物、构筑物、景观小品、环境营造等方面追求高艺术价值和极致的视觉效果，力图打造以中国茶文化旅游的著名品牌，实现“鲲鹏茶文化”的价值追求。

——强化生态系统的健康性。充分利用现有生态体系进行合理布局，形成“真山实水、叠水理水、喜文好茶、观山赏水”的氛围，并通过景观营造进一步优化生态环境，提升生态环境的品质。

——重视社会效益、经济效益的统一。在规划设计中，尽量减少地形改造及土方量，从前期建设阶段就重视节约成本，同时，创新大地块的发展模式，把启动区的规划与周边区域的未来发展结合起来统筹考虑，带动周边区域甚至整个信阳的茶文化旅游发展。

按照“鲲鹏小镇”茶文化旅游的主题定位，在空间布局上充分利用基地自然肌理结构,将信阳历史上的八大茶社与江南茶馆、北国茶庄，以及茶市演绎于建筑、庭院、景观之中。尊重原生态的自然风貌和地理结构，根据景区游览功能的需要，将山体、水系、铺装、道路、绿化、建筑形成一个充分发挥旅游功能作用又保护自然生态的良好格局。以鲲鹏小镇茶文化游览、休闲、体验为主打品牌，将基地分为“信阳八大茶社历史文化体验区”“江南茶馆历史风情休闲区”“北国茶庄茶市商贸区”“鲲鹏茶文化游憩区”“水文化观赏区”五个功能区，形成一心、二核、三带、十四园的空间格局。

一心：游览接待中心。

在景区入口处，对已建中西元素结合式二层楼进行立面装饰，以“穿衣戴帽”的形式，增设屋面，外贴木柱，复木质门窗，使建筑融合环境并通过假山、瀑布、亭台、花木的组合，成为信阳乃至周边地区最“精、美、雅、贵”的古典“小园林”。给游客从一入口便产生较大的感觉冲击，领略建筑文化与茶文化结合所形成的意境。

二核：茶艺馆与南园茶馆。

茶艺馆（私房茶体验馆）位于板栗林东、北侧，往板栗林西北山坳略作插入，构筑一座亭台楼阁，小桥流水，假山瀑布的姑苏小园林。这里营造了一个该小镇唯数不多的私密空间，打造安静的品茶环境，内部设施齐全，有围合楼、主楼厅、二层厅等面向大众的饮茶环境，也有四面厅、水榭等精致的私密的饮茶会友空间。在这如诗似画的小园林中，在这飞檐、戗角、叠山跌水的遐思与梦幻之中，撷取几片私房茶叶，泡上一杯热茶，来到楼阁窗前，凭览石光水色，那一种如醉如痴、似梦似幻的感觉，油然而生，享受人生的那一刻“如梦仙境”。

南园茶馆位于半岛南侧，紧靠山坡，在山与半岛之间，北面临街，东面和南面临河，两条河道在茶楼处交汇成“十字港”。南国茶馆形式上为一座富有姑苏传统园林特色的宅园，以院墙围合，形成一定的私密空间。以历史上始建于1898年的“江南第一茶楼”福安茶馆为范本布局南园茶馆，茶楼古朴中透着一份清幽及雅致。一楼为底楼铺面店堂，在这里不仅可以品尝到各种档次的红茶、绿茶、花茶等，还可以享受到当地特有的熏青豆、萝卜干等特色茶点。转过大堂，四面皆为雕花木窗，古朴中蕴涵着一份厚重，环境幽雅得让人怦然心动。在品茗的同时，听上几段江南丝竹，或宣卷、评弹、戏曲、小调等曲子，那份情趣与雅致真的让人难以忘怀。恍然中，一个属于20世纪二三十年代的旧时江南老茶馆在不经意中回归了。

三带：河道景观观赏带，茶文化休闲游憩带，历史茶艺、茶道、茶品体验带。

水文化景观观赏带围绕西北向东南紧邻基地的泄洪道展开，河道曲折，河床高低不一，河道中有石滩、深水区、浅水区段有小石岛等。设计以保护原生态的前提，利用天然资源，进行改造，略作修饰，形成石流戏水段、滨水赏景段、跌水观赏段、岛石玩耍段等游览区段。修筑几道拦水坝，以调节水位；上游河石区，修一条石式过河通道（保证两个水位均可通行）；中游深水区沿岸修一条木栈道，沿河赏景；深水与浅水区之间美化原有的拦水坝，形成秀美的跌水与壮丽的瀑布景观；浅水区聚集周边石块，筑两个大小不同的岛屿，并配置水生或者湿地植物；沿着整个河岸设置茶文化元素的雕塑、小品，适当配置灯光，增强夜休闲的情趣。

茶文化休闲游憩带位于沿河道一带，自东向西有林区平地、沿河湿地、陡壁峭崖、河石浅道。林区平地处规划鲲鹏茶文化博览园；沿河湿地处设计以炒茶工艺、茶道圣人、品茶场景为主题的雕塑园（即使水淹也不影响）；陡壁峭崖处构筑一道景墙，雕刻“鲲鹏私房茶的美丽传说”；河石浅道处呈现“石茶具象形秀”，让茶文化形象，生动地展现在游客面前，形成一道独特的茶文化风景线。

历史茶艺、茶道、茶品体验带靠近山坡地带，包括沿公路西侧山丘、三阶台地、板栗林和半岛。三阶台地处规划“信阳八大茶社”历史文化园；半岛上规划江南茶馆历史风情园；公路西侧山丘规划北国茶庄、茶市商贸园；板栗林处规划茶艺馆。以贯彻东西山坡的生态廊道为主线，形成一个既观赏山水风光，有品味茶文化的体验带。

十四园（节点）：元贞茶社，宏济茶社（车云），裕申茶社，广曾茶社，森森（万寿）茶社，龙潭茶社，广生茶社，博厚茶社，和记茶社，墨香茶馆，阿萬茶楼，涵馆，沁园，馥楼。

在三阶台地，利用现状茶园和少量农舍、山地、缓坡，将信阳史上八大茶社（元贞、宏济、裕申、广曾、森森、龙潭、广生、博厚）及茶社所涉及的茶山轶事等，通过茶社内饰、庭院景观等来演绎，成为信阳第一部“再现版”茶艺史画。在这“江南北国，北国江南”之地，流水的淡雅与“优美”之中，雨落格窗秋夜凉，雨天一杯清茶，听雨赏景；晴天约几个朋友，聊天畅叙，那一种随性随意，自在自我的心情，肆意徜徉，恍如隔世，享受当年的那一番“茶道之初”。

在半岛的茶园石滩、涧流、湿地处，将江南尤其以姑苏为代表的南园茶馆，以通过建筑临摹、环境营造等设计来表现水乡茶馆的特点、特性与特征，将常熟人“吃茶”的墨香茶馆、苏州人悠然度日的阿万茶楼移植于此，让游客身临其境地体验一番江南茶馆的韵味。三座茶馆，各具特色、体量，建筑形式都有所不同，三处茶楼以廊连接，在这享有“天堂之称”的姑苏园林情景下，在这粉墙黛瓦的雅致、雕栋画梁的精美之中，一家人携老牵小，举杯赏景；结亲伴友，品茗聊天，那一种清新和谐、感受人生的情愫，由衷洋溢，如处姑苏，享受江南的那一份“天堂之趣”。

在林间半地一片参大大树，平地、河边湿地处，分别设计涵馆、沁园、馥楼等构筑的鲲鹏茶文化博览园。此处建筑与环境焕然一新，运用对中国古典建筑的新诠释手法，表现清雅、大气，将信阳的茶文化、信阳人的待客之道，以及信阳人对生活品质的追求，一如信阳人的“厅堂”迎高贵的宾客，展示信阳茶文化的过去、现在和未来。鲲鹏小镇一席而观信阳，信阳一地而见天下。在这几何体形、水墨画卷的简约与恬静之中，信步穿廊越池，赏花观景，步入展馆览宝，看图阅文，那一种悠然自得，充实完美的满足，难于言表。犹入未来世界，享受桃源的“茶道之气”。

除十四园外，在临公路山丘上，设计北国茶庄茶市商贸园，将北方尤以北京为代表（鲲鹏茶叶集团在京有相关机构）的茶庄，通过茶市为载体，释放其自在与奔放、粗犷与豪放的茶韵，让游客在茶市的商贸活动中体验北京茶庄兼收并蓄的茶文化的丰富性。在这青山绿翠下，在这茶意盎然、人货两旺的文化与商贸交融中，外地游客到这，购买馈赠礼品；本地游客至此，品尝异地茶香。那一种丰富多彩，热闹欢快的气氛，让游客穿越时空地域，享受一份“异地风情”。

根据鲲鹏小镇凸显“江南北国”“北国江南”的韵味，在建筑与景观的形态上采用了江南与北国两种风格，在江南风格中，也选用了品味“古典”（苏州传统园林）、感悟“当今”（苏州当代宅院）和遇见“未来”（苏州新博物馆）三种不同时代的设计，力求让差异性带来丰富性，增加游览、体验的知识性与趣味性。在北国风格中，以北方茶庄为主体形成茶市风貌。

一处集茶文化博览、茶叶加工、品茶、科研、茶文化交流、产品展示、旅游、休闲度假、娱乐、餐饮、茶艺等于一体，将多元茶文化与私享体验结合起来的一处茶文化旅游景区，在环南湾湖百里茶廊上，如同一幅美丽画卷展开在大别山中，为“山水信阳·美丽茶乡”再添一颗“豫南明珠”。

【策划札记】/Notes

题外巧作“文旅合一”大文章

陆放翁教儿子写诗，有一句重要心得在这提示：“汝果欲写诗，工夫在诗外。”写诗的人讲求功夫在诗外，旅游景区项目的创造也有个“诗外”的功夫，即题外巧作。

在项目开发过程中，要围绕核心主题，树立强烈的旅游资源创新意识，叠加其他文化内涵，进行旅游项目创新，不断开发带给游客以新感觉的项目。如“鲲鹏小镇旅游总体规划（修建性详细规划）”项目中，鲲鹏小镇既是茶文化荟萃地，又是休闲游憩之所。根据对基地及周边环境的综合分析，若仅仅按“茶庄”“会所”组合的一般度假区的思路去规划本项目，其成功难度相当大。

我们认为：必须站在复兴信阳茶文化、振兴鲲鹏茶叶、推动茶文化旅游产业链的形成，升级到与国际化发展接轨的高度，把握市场需求的新态势，运用“泛旅游”的理念进行务实而又富有前瞻性的开发规划，才能形成本项目的可持续的发展。在本项目策划中，我们灵活运用“题外巧作”，用心做了四篇“文章”。

其一，以茶文化体验为基础，重点打造具有独特吸引力的休闲游览区。本项目要彰显信阳茶文化魅力，打造与茶有关的产品和服务，这对提升整个旅游小镇的品质和魅力具有积极的意义。从整体发展上看，仅靠茶文化来带动本项目的整体发展是不够的，在茶叶资源相当丰富的区域内，要在建设茶文化体验园为重点的基础上，通过特色旅游产品与休闲物业产品来打造具有独特吸引力的休闲旅游区是重中之重。

其二，有效整合文化体验与休闲旅游两大产品，形成“文旅合一”的典范。本项目关注“旅游休闲”与“文化体验”两种生活需求的协调平衡，在全面优化规划区内生态品质的基础上，以“文化助推旅游，以旅游创造效益”为创新发展模式，有效引爆市场、聚集人气，结合主题文化休闲、康体养生产品的配套建设，形成文化生态型休闲物业的合理发展突破。通过旅游项目与休闲物业的开发建设，将旅游环境与人文环境有机地统一在优质的生态平台之上，实现文化体验活动与休闲行为的自然统一，成为中部地区知名的茶文化休闲旅游范例，可以有效提升本项目度假休闲旅游的整体经济效益，促进整个区域的产业的整合、品质的提升，构建一个有价值的产业集群，实现产业联动。

其三，深入挖掘茶文化，重视生态优化，打造茶文化综合休闲旅游区。在未来的发展中，本项目应当深入挖掘茶文化，把宣传、展示茶文化尤其是信阳茶文化作为重要目标，引入风景园林造景手法，在建筑特色、布局特点和景观构架等方面充分体现园林景观特征，同时高度重视生态环境的保护与优化提升，结合旅游设施与景观的建设，利用园林的造景手法将基地环境景观化，塑造优美生态意境。通过对茶文化的传承与园林意境的塑造，打造以茶文化为内涵的特色休闲旅游区，从而形成本项目对中、高端消费人群的独特吸引力。

其四，近期建设与远期规划相结合，启动区块凸显出明珠效应。考虑到项目投资与开发时序的因素，也必须重视项目的近、远期发展时序，一蹴而就、全面开花的开发建设是不现实的，而应当遵循“统一规划，独立开发，滚动建设，兼顾整体”的开发建设思路。

河南·信阳
鲲鹏小镇
项目资料图
Aerial view

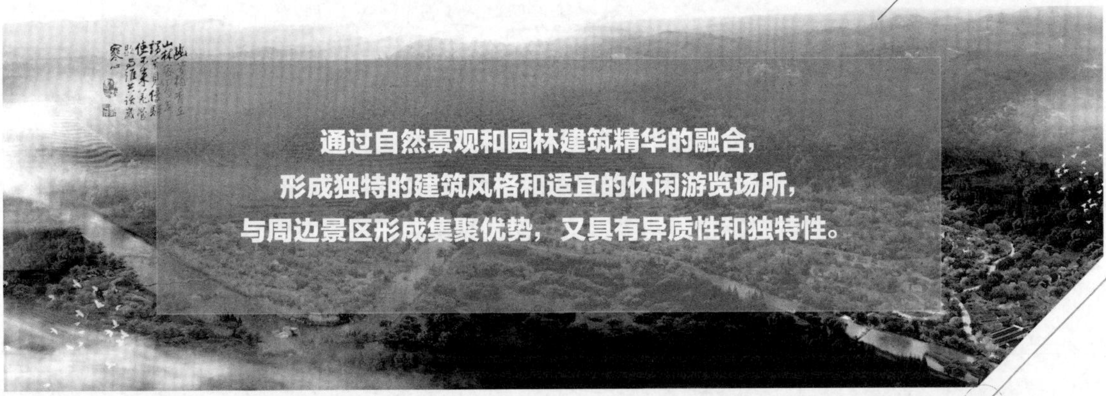

陕西·万亩渔歌园：
韩城渔园，黄河原乡

你晓得：

天下黄河几十几道湾？

几十几道湾上几十几条船？

几十几条船上几十几根竿？

几十几个艄公来把船儿扳？

2016年8月，我们的团队和杭州美院合作，接到一个“农活”：陕西省水务集团将陕西韩城市郊区黄河边上的1695公顷滩涂、湿地交给我们，要我们做一个万亩生态渔业园详细规划。

听起来有些奇幻，有些“穿越”。渔业？这跨界的跨度，未必也太大了吧？

还得从韩城与黄河说起……

鱼跃龙门，关中韩城

传说中黄河鲤鱼跳过龙门，就会变化成龙。这是古代中国最经典的逆流前进、奋发向上、飞黄腾达的励志故事，代代相传，经久不衰。

陕西韩城，就是传说中鱼龙幻化的那座龙门。

韩城，位于位于陕西省东部，关中盆地东北隅，陕西省所辖的副地级市，其区位号称“中国之中，黄河之中”，古称“龙门”。在半信史时代，就有“大禹治水凿龙门”的记载，历史不可谓不悠久。

中国大地坐标原点在陕西省泾阳县，西安离它不远，韩城就位于西安东北部；黄河是中国的母亲河，韩城又正处于黄河中游之畔。独特的地理区位塑造了韩城举足轻重的文化历史地位。全市现有各级各类文物保护单位 182 处，馆藏文物万余件，其中国家级重点文物 7 处，是国家历史文化名城、中国优秀旅游城市、国家全域旅游示范区、大红袍花椒之乡、文史之乡、中华文明重要发祥地之一、司马迁故里，有“中华文明发祥地，关中文物最韩城”之称。近年来，韩城市依托丰富的文物资源，旅游业得到了迅速发展，初步形成了南司马迁祠墓、中古城和党家村、北龙门的旅游格局，并融入到全省旅游东环线中。

韩城是老牌工业城市，因丰富的矿产资源而崛起。创下了焦炭、炭黑产量西北之首，钢铁产量陕西第一的佳绩，可谓工业重镇，一“煤”独大。发展的同时，也带来了严重的环境污染，生态质量提升迫在眉睫。

昨日之日不可留。今日之日何所求?

2009 年 6 月 25 日，国务院正式发布《关中一天水经济区发展规划》。这是国家西部大开发“十一五”规划中确定的三大重点经济区之一，也是我国继上海浦东新区、天津滨海新区、长江中游城市群之后，与北部湾经济区和成渝经济区一起被纳入国家区域协调发展战略的重点经济区。全国内陆型经济开发开放的战略高地落子韩城。

2012 年 5 月 25 日，中共陕西省委办公厅、陕西省省委办公厅《关于在韩城市开展省内计划单列市试点的意见》提出，将韩城列为省直管计划单列市，到 2020 年韩城国民生产总值和财政收入达到 1000 亿元和 120 亿元，建成区域中等城市，实现传统产业升级改造、建设循环经济示范基地，培育战略新兴产业，打造国家级旅游目的地等目标和任务。这表明韩城未来面临更大的发展机遇，是推动韩城走向国际舞台的平台。

2014 年，“一带一路”倡议上升为国家战略。陕西作为丝绸之路的起点，提出建设丝绸之路经济带新起点，打造综合交通枢纽中心、国际商贸物流中心、科技教育文化旅游交流中心、能源金融中心、经贸合作中心五大中心，这些举措都为韩城搭建了对外开放合作的广阔平台，拉近了韩城与世界的距离。

2014 年 4 月 18 日，国务院批复了《晋陕豫黄河金三角区域合作规划》。规划提出，努力把晋陕豫黄河金三角建设成为中西部地区新的经济增长极和欠发达地区实现一体化发展、跨越式发展的示范区。韩城作为黄河金三角的重点城市，将迎来重大的发展机遇，韩城城市能级进一步提升。

2015 年 12 月 2 日，国家旅游局公布了 20 个市（自治州）、县（市）入选首批国家级旅游业改革创新先行区，韩城作为 5 个县（市）之一、陕西省唯一入选的县（市）被列入首批国家级旅游业改革创新先行区。

韩城支线机场建设、韩城旅游专列开通、韩城城际铁路建设、沿黄旅游公路建设、积极融入大西安、黄河金三角等水上交通体系这一系列立体交通构建，全面增强通达性，外向度不断提升。

今日韩城，沐浴着盛世的阳光，战略升级，蓄势待发。

外部格局升级，内部发展也随之蜕变。韩城涅槃，一场关乎发展逻辑的“绿色革命”正在发生。韩城正面向全国甚至世界发声。因此，旅游必然领跑韩城转型，韩城旅游必须强势崛起。

然而，目前的韩城旅游是否具有对远程游客的强吸引?

韩城的代表性核心景点——韩城古城与党家村，是否具有像背景、西安等文化古都那样的文化能级?司马迁祠墓，是否具有像“三孔”景区那样的文化普适性和感召力?韩城黄河，是否展现出了黄河的厚重与魅力?

最后一问，成为我们项目的切入点。

探索者风骨淑华秀黛，诉说着西来的瑰奇幽深；怀旧者总总山情，呼喊着东方原有的寒涧九曲。历史应该是一部连续剧，河水连绵不断静静地等待涌起。还是唱一曲《霸王别姬》吧，否则，兴旺成败如何演下去?

渔业园区，湿地保护区，还是旅游景区

我们接手的项目——韩城黄河现代渔业园区，位于韩城市新城区东部的南谢下延控导工程保护内黄河滩涂，距离韩城市中心 6 公里，总用地面积 1695 公顷，其中水面 454.7 公顷，绿地 1227 公顷。这一区域在 90 年代已经划为湿地保护区，湿地肌理较好，现状基地内有零星渔业园分布，具有一定的渔业产业基础优势。

从项目名称看，似乎是一个渔场；从现状看，是一个自然保护区；从委托方意愿看，业主希望发展旅游业，延伸产业链。

三种身份，我们照单全收。糅合，是我们的“法宝”。

我们对基地进行全面剖析。

从周边关系分析看，三河汇集，八面聚焦。规划区是黄河、汾河、剧水河汇集之地，周边山林景区也是城市的视线焦点。规划设计要进一步增强规划区的视觉地标性，形成区域景观磁力。

从旅游资源禀赋看，文脉涌动，生态自然。剧水河、司马迁祠、夏阳挟荔宫遗址、秦晋大峡谷、夏阳古渡、少梁城遗址、神农葡萄庄园、秦晋韩原大战古遗址、魏长城遗址，周边资源丰富，底蕴深厚。周边项目集中，未来客流量大，而九鲤坊、文史公园、司马迁祠等景区住宿接待设施不完善，无法满足游客住宿需求。

从基础设施条件看，交通便捷，配套便利。规划区紧邻规划建设的韩城支线机场，旅游专线、西禹高速从场地一侧通过，并且基地南北两侧均有公路直接对接韩城县城。黄河水上交通正在贯通，区位良好，交通便利。西靠新城办相里堡村，南接芝川镇东少梁村，电力、通讯供应配套保障便利。

从既有开发条件看，基地底板多样，拥有黄河的土崖、滩地、湿地、河流、渔塘、堤坝等多元景观。现状基地主要的防洪堤坝已经规划设计，已经修建 2 段防洪堤坝，基地西南端与据水河交汇处交通便利且已经进行场地整理；西侧为百米左右的黄土高崖，形成了独特的场地景观；北侧是现状鱼塘，中间河流贯穿，以芦苇湿地与黄河滩地为主；基地东侧是壮观的黄河。

从上位规划解读看，该地块在《韩城市城市总体规划（2013—2030）》中为东部沿黄河特色风情带发展备用地，在《韩城市旅游业“十三五”发展规划》中为“黄河旅游特区”，在《韩城市旅游发展总体规划（2016—2030）》中发展定位为“史记韩城 · 黄河特区”，在《韩城市黄河新区概念规划》中为韩城东进华北、引领缓和金三角的“黄河百里金岸”。黄河新区范围西起京昆高速，东抵黄河控导线，南至相里堡，北接龙门，总面积 100 平方公里。区位优势突出，对外交通便利，黄河雄浑开阔气势磅礴，旅游文化资源丰富多元。黄河新区的规划目标是推动韩城进入滨河时代，进一步支撑韩城区域中心城市和世界级旅游目的地职能，打造黄河金三角的中心商务区，建设黄河金三角的“浦东”，全面提升城市的竞争力。

城市东扩，基地正处滨河时代黄河金三角的前沿第一线！

糅合以上基地特质，我们归集提炼形成基地印象：情韵湿地，渔园飞歌。

基地拥有展现黄河多元魅力的自然本底和文化底蕴，规划应该将现状的自然条件进一步显化，呈现出黄河该有的美景与意境，呈现出原汁原味的黄河情怀——

宽阔河面，黄河的翻滚；

荻芦飞花，黄河的静美；

万亩鱼塘，黄河的滋养；

遗迹古城，黄河的厚重；

长河日出，黄河的诗韵……

风华笔墨，后庭尘埃。

便天光云影，不与徘徊。

纵三千里河山，亦四十年蓬莱。

基地几乎可以满足所有关于黄河的情愫与想象。围绕黄河，有大文章可做。

旅游形象时代已经来临。旅游形象口号设计，需要妙笔生花，需要神韵出奇，需要与众不同的眼光与眼力、灵感与创意。

然而众所周知，要想找出这些旅游地、这些承载着日常生活点点滴滴的故事与故事背后让人感动的或者能引发人深思的元素——一些充满真性情的元素、一些亲切温暖的丝丝入心的元素，实属不易，而要将这些有特色、有内涵的河光滩色，产生清水出芙蓉的神奇效果，更是难上加难。

我们觉得旅游口号若能脱颖而出、发人深省、广为流传，必须要有新意，要融入灵魂。

这需要旅游策划者与景区融为一体，发乎情。

在黄河边，情之所至，一句宣传口号跳进了我的脑海——韩城渔歌园：感受心中的黄河！

于是，我们将项目改名为“韩城渔歌园”，定位提升为：“黄河岸边的生态璞玉，渔农飞歌的湿地原乡，韩城世界级旅游抓手”！

黄河，岂能缺位

韩城要找到自己的指纹，必须先摸清自己是谁。韩城要嫁接世界级旅游资源实现跨越式发展，黄河不能缺位。从韩城重要的节点与位置，我们再观黄河：是否有一个节点能够展现她的千古风华？

黄河是特殊的旅游吸引物，她不是一条普通的河流，不是固化的旅游景点，而是与中华文明情牵一线的载体。每个人来到黄河之畔，都是带着一种情愫和想象在仰视她，而不仅是简单地观赏河体本身的风光。

中国人对黄河有着特殊的感情，每个人对黄河都有着自己的想象：是波澜壮阔的，是激荡浑浊的，是慈祥温润的，是奔流不息的，是黄河之水天上来，抑或是浪淘风簸自天涯……她是亘古流淌的文化脉络，她是中华民族最具感召力的精神图腾。

以往的黄河旅游都在试图努力将黄河景观与文化具象化，反而让黄河的意境与魅力大打折扣。沿黄河各城市借助黄河资源，各有侧重，形成特点突出的多样景观。然而黄河沿岸还没有形成一个与黄河能级相匹配的旅游区。

反观黄河生态现状，流域面积 79.5 万平方公里，自然环境脆弱，气候干旱，水资源匮缺，植被稀少，水土流失严重。水体污染，鱼类资源不断减少，生物多样性种类和数量锐减……黄河流域面临着严重的生态环境危险。

我们小结为黄河“三化”：生态恶劣化，母亲河的亲润力正在减弱；产业萧条化，母亲河的滋养力正在减退；旅游具象化，母亲河的想象力正在减弱。

十里黄河滩，万亩渔歌园。这里是黄河的原乡！立足大未来，超越项目本身，站在历史的高度，我们将项目定位为重振黄河雄风（区域范围）、彰显黄河魅力的突破口。这里拥有展现黄河多元魅力的自然本底和文化底蕴，规划努力将现状的自然条件进一步显化，呈现出黄河该有的美景与意境，呈现出原汁原味的黄河情怀，通过生态修复、渔农产业发展、旅游功能置入，最终打造成为“三区一地”，既黄河生态修复示范区、生态渔农发展创新区、文化湿地休闲度假区、黄河旅游第一目的地，形成中国生态文化旅游的新名片。

据此，我们设定发展目标为：通过系统化规划建设，逐步将韩城渔歌园建设成为生态魅力十足，产业特色突出，文化内涵丰富，旅游功能健全、旅游产品多元、服务体系完备的新型生态文化旅游目的地。具体目标为：近期主要是生态修复和基础建设，将园区打造成为全国生态修复示范区，打造国家湿地公园；中期不断完善产业配套和旅游功能配套，形成全国生态渔业示范区，国家 4A 级旅游景区；远期提升文化内涵，丰满功能业态，打造黄河旅游第一目的地，国家 5A 级旅游景区。

发展定位确定之后，我们糅合渔业园区、湿地保护区、旅游景区的相关元素，制定了三大策略：

——生态修复策略，找回情韵黄河的亲润力。通过生态手法，修复生态系统和湿地景观，再现黄河湿地的亲润力和感召力。

——渔农发展策略，重塑黄河母亲的滋养力。大力发展生态渔业和现代农业，形成良好的产业发展支撑，保证项目的生命力。

——旅游突破策略，激活万古风华的想象力。通过旅游功能置入，提升项目附加值和景观湿地的生态效益，打造黄河旅游的新地标。

随着规划设计的不断深入，一个“情”夺天工的新黄河形象逐步清晰起来……

在这里，感受心中的黄河

旅游产品的设计，一方面，要以旅游资源为依托形成强有力的旅游吸引物，发挥整合旅游资源的优势，突出资源特色，加强品牌形象的更新与管理，形成旅游目的地的核心竞争力。另一方面，要发掘未开发的自然和人文旅游资源的优势，进行要素创新。

项目地块是一片滩涂，如何利用？我们遵循现状场地 + 利用现状河道 + 合理衔接已规划堤坝的思路，形成地块方案框架构思，总的原则是：尊重基地自然本底，生态修复河流湿地，统筹利用防洪堤坝，有机织补空间关系。具体操作上，统筹兼顾基地的现状条件、规划的生态格局、河面的视觉冲击、未来的功能需求、开发运作的经济性，最终形成以生态修复、产业发展为主基调，以满足视觉冲击与未来功能需求的核心的综合性方案。

规划区背依十里黄土塬，面对壮阔黄河，黄河景观河面与百米黄土高塬交相呼应，对应成景。打造一条景观飘带，串联六大功能片区。最终规划结构成型为“一河映一塬，一带连六区”。

规划根据场地地形条件与水系脉络，“一河”：黄河景观走廊；“一塬”：十里黄土高塬；“一带”：一条花溪飘带；“六区”：六大功能片区（黄河乡韵、黄河崖居、运动乐园、情韵湿地、渔农飞歌、拓展基地）。

围绕黄河原乡的定位，我们展开了四大产品策划。

——渔农飞歌：低碳旅游新典范，农旅结合示范区。以“田园”为自然脉络，以“渔乡”为人文脉络，二者相融相生，彰显黄河渔乡的田园本底与精神内涵；以生态和乐活为理念，打造具有归田园居，渔家唱晚意境的生态农乡。依托田园渔乡肌理、农耕文化、渔文化，打造五大主题体验产品：市民垂钓基地、渔人乐园、亲子田园、婚纱摄影基地、水上集市。其中核心引擎项目为渔人乐园，为渔业文化旅游区，再现百年捕鱼技巧，结合旅游发展渔业观光、渔业体验、科普教育等新型产业，让游客做一天渔民，体验黄河渔家文化和渔民生活！

——情韵湿地：生态与艺术的天堂，展现艺术魅力，捕获原生态自然风情。注重保护性原则，通过项目设置和氛围营造，极化湿地风景和想象，构建“湿地八景”，打造成具有艺术气息的生态湿地。核心引擎项目为史迁塔，依托司马迁黄河读书的历史故事，结合场地视觉聚焦的需求，打造黄河岸边最高的玻璃塔，兼具观日平台、史记图书收藏阁、空中餐厅等功能。

——黄河崖居：黄河第一崖居度假群落。崖居生活，无以伦比的景观视野和精致生活体验，构建遗世传奇建筑群落。一个个崖居点如明珠一般呈现在整个布局之上，让黄河崖居成为与黄土窑洞齐名的世界级建筑经典、旅居胜地。

——黄河乡韵：黄河文化的传统与创新展示。在核心节点建设黄河乡韵广场,定期展演一场黄河诗韵的大型文化情景巨制《黄河史诗》。配合多元的非物质文化遗产展示、体验与演绎，全方位展示黄河文化的魅力，以此唤起中华民族的凝聚力，增强民族自信心和自豪感。辅之以黄土崖雕——黄天然土雕艺术长廊，也是陕北文化生活艺术化走廊，展现独具一格的原乡文化，形成西北文化高地，增强旅游目的地的吸引力。

在产品推广上，以四季文化主题节事活动，不断形成活力品牌。孔明灯祈福节：放飞一个春天，一个许愿；黄河美食节：舌尖上的黄河，味蕾上的奇妙之旅；黄河之恋烟花节：一瞬间的烟花浪漫，一生的温馨守候……

一万个人心中有一万条黄河。在这里，总能找到你心中的黄河！

陕西·韩城 万亩渔园 项目资料图 Aerial view

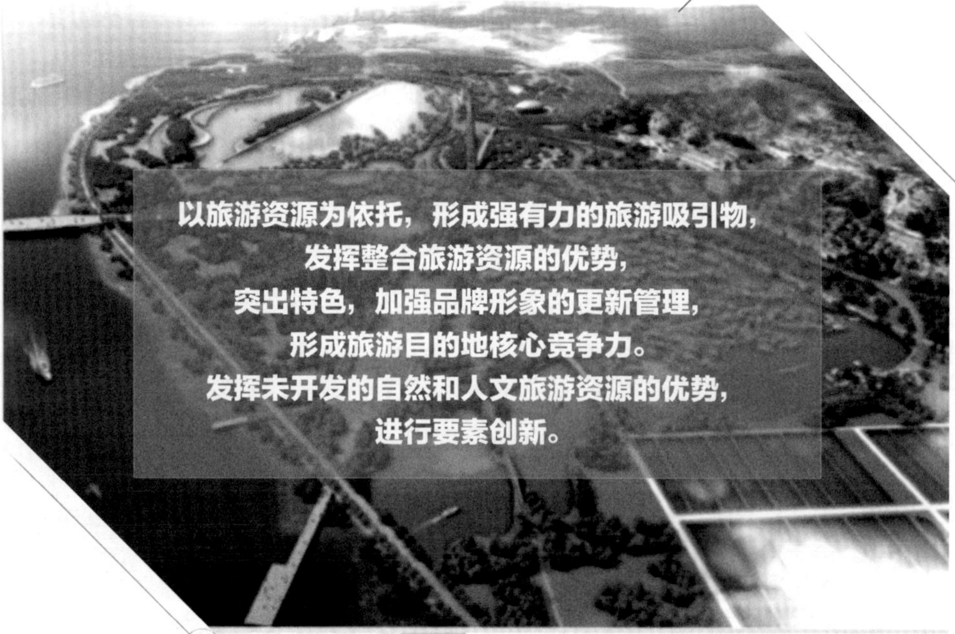

[策划札记]/Notes

汝果欲学诗，功夫在诗外

在编制《韩城渔歌园——韩城黄河万亩生态渔业园修建性详细规划》过程中，我们最大的感受是：

汝果欲学诗，功夫在诗外。

规划要出彩，糅合于心裁。

旅游规划需要独具匠心的策划，不能仅仅依靠教科书式的专业分析、格式化的思维模式，要跳出旅游做旅游，跳出项目做项目，更多的灵感和闪光点，来自跨界的文化元素整合……

下篇 / Part 03

继绝·创造出品

让已经止绝的传说、
故事，
赋予新的内容适度延伸。

2017年3月4日，习近平总书记参加全国政协十二届五次会议民进、农工党、九三学社政协委员联组会时，引用北宋大儒张载的名言——“为天地立心，为生民立命，为往圣继绝学，为万世开太平”，表达了对知识分子面对新时代谋求新作为的褒奖和期许。

“为往圣继绝学”，努力承继垂绝的哲人睿思和渊博之学，承继这份无与伦比的文明精华。

“为往圣继绝学”，体现了中国知识分子文化自觉、学术自觉的意识和文化使命、学术绍承的担当意识。

在旅游规划实践中，我从中提炼出两个字：继绝。

博大精深的优秀传统文化是旅游策划人站稳脚跟的根基。我们扎根大地，汲取营养，继往开来，生生不绝。

甘肃·兰山生态公园：
华夏第一廊

2013年12月21日至22日，第十届中国创意策划年会在上海举行，这是一次拥有梦想的创意人聚集的盛会，这是一年来策划人如何用新思维、新谋略获取成果大交流的峰会。

我应邀出席会议，并面对来自全国各地500多名策划人发表主题演讲“三百年以后讲今天的故事”，赢得了大家的纷纷“点赞”。最终，此项目以融合彰显十三朝代盛世文化元素的创意魅力，荣获第十届中国创意策划年会项目类金奖。

顶级创意策划的大会上，我向大家讲述了一个怎样的故事？

西北望，兰州有兰山

甘肃省兰州市，是中华民族文化的重要发祥地之一，也是黄河文化、丝路文化、中原文化与西域文化的重要交汇地。西汉以来，随着丝绸之路的开通，逐渐形成了多民族融合交汇、相互吸收、多元一体的特色地域文化，历来有“丝路重镇”“黄河明珠”“西部夏宫”之美誉。

流经九个省的黄河唯有在这里是穿越省会城市而过的。巍巍皋兰山，海拔2129米，峰峦高耸，地形险要，像一条巨龙横卧在兰州城之南，千百年来忠实守卫着这座“丝路山水名城，中国黄河之都”。

皋兰山是兰州城区的屏障，兰州沧桑岁月的见证。2000多年前的战国时期，在黄河岸边游牧的匈奴趁秦灭六国之机，大举南下，站到黄河边上看到山非常高，所以取名叫皋兰。隋文帝开皇元年（581年），在皋兰山脚下设兰州，历史上从此有了兰州这个名称，至今已经有1400多年了。兰州因皋兰山而得名。

皋兰山又称兰山，绵延逶迤数十公里，西北黄土高原生态环境的脆弱，治理了多年的皋兰山，仍是半绿半荒。而这“半绿”，已是全市上下植树几十年所取得的成果。人们在此建了一个城市郊区公园——兰山生态公园。

兰山公园是以历史文化遗产三台阁为主体的人造森林公园。在兰山之巅建阁始于元朝，明朝朱元璋登基后，封十四子朱楧为肃王，为镇守边塞的九大藩王之一，坐领金城，在兰山之巅重新修阁，名为魁星阁，日久毁塌。清道光八年再造，立阁三层，始称为“三台阁”，后为战火所焚，至20世纪80年代仅剩残丘一垒。现在矗立在兰山之巅的三台阁是1983年由市政府出资修建的。新建三台阁为四方形，青砖裹台共垒三层，上立一阁，以应三台之名。1985年在原城关区水土保持站基础上成立了兰山公园，1998年兰山公园被省林业厅批准为省级森林公园。

当地政府希望兰山生态公园能成为兰州标志性旅游景点，也知道现有“生态”是不够的。在招标会上，我提出核心吸引物创意让领导专家们评定同济大学方案中标，于是我便带领团队远赴西北“作战”。

政府希望我们规划以新的理念，运用智慧，通过创意设计呈现奇迹，使兰山与黄河一样，名传天下，成为兰州旅游、市民休闲的一个亮点。

我们不仅知道政府的期待，更知道预算有限。整个规划团队不知道该不该“大手笔”，规划思路在“震撼性的效果”与“杯水车薪的预算”之间摇摆不定。

一个好的景区，不一定非要有巨额的资金投入建设才能获得成功，但一定要有一个非凡的创意策划和优秀的旅游规划。关键在于寻找“突破点”的时候，策划人能否有足够的智慧和规划人能否有敏锐的思维。

2012年，接到这个项目之初，团队在山上山下跑了无数次。兰山公园乃至城关区的旅游资源（五泉山公园、伏龙坪、黄河风情线等），类型全，资源多，汗水挥洒之处，一个个疑问也喷涌而出：

所有的森林公园都不约而同地在打同一张牌——自然景观，原生资源。

高度同质化如此严重，兰山公园有什么能让游客非到不可的理由？

在这荒山上，亮点又在哪里？

我们只把眼光关注在山上吗？

不行！

必须把视野拓宽。

刘伯温斩断龙脉，旅游策划再续龙脉

兰山要做成第一生态公园，要让游人趋之如骛，有什么？缺什么？我们做了一个 SWOT 分析。

[优势]

兰州历史悠久，文化底蕴深厚，多层次、多样化的文化资源和景观资源有利于基地游览空间的塑造; 兰山周边景观资源丰富，可结合周边资源发展区域性景观；兰山自身的宗教文化、风水文化、建筑文化、绿色文化以及遗迹遗址，使景区更具游览性和观赏性；独特的地理制高优势，使周边的山水风貌能有机地融入基地景观，从而提升景区的游览价值；紧邻市区，居民多人气旺，有利于形成城市居民休闲休憩新热点。

[劣势]

地处北方的兰州城南皋兰山，黄土山坡荒凉萧条，十多年的植树活动也未能改变风貌，几处建筑依旧孤寂。目前，兰山还处于生态建设的初级阶段，存在许多实际问题：土地利用方式不能满足兰山的生态功能要求；基础设施短缺，生态环境的保障体系不够健全；用地布局混乱，建设无序，景观质量较差；地形复杂、多陡坎陡坡，高差变化太大，不利于景观塑造；绿化匮乏、植被疏枯、土地贫瘠（多为沙土），不利于绿化效果显现。

[机遇]

可运用全新的规划理念，转不利因素为设计特色。一是带动作用，兰山的建设开发结合当地丰富的旅游资源与文化资源，将带动当地经济增长，形成互惠互利、和谐发展的良好局面；二是独特的文化与自然资源，兰山周围丰富的自然生态资源与自身独特的宗教历史文化形成兰山鲜明的地域特色；三是紧邻市区，处于区域制高点，增强城市与山地的联系，作为城市的后花园，打造市民休闲、游憩的新去处；四是独特的地形，结合高低错落的陡坎、陡坡，塑造台地式特色景观，以“台地山庄、台地花园、台地广场”为特色，形成全国最大的台地公园。

[挑战]

生态的修复与提升，区域特征的提取和维护；各功能区块资源的整合；大尺度区域中游赏路线的组织。

从以上的 SWOT 分析中，可以得出结论，兰山景区规划一定要看清自身的优势与劣势，面临机遇与挑战，以开放的姿态迎接挑战，而不是画地为牢 \ 自陷囹圄，才能出好作品。

但是，仅有这些技术性的分析，是远远不够的。

策划人最大的优点就是富有激情，
激情是萌生灵感的土壤。
我迎着早霞上山，
踏着月光下山，
清风疏旷，霭霭浮光，
一日到晚的朝辉夕照的光移影换，
所带来的山下奇观，
让我兴奋不已：
霞光下的城市明一块、暗一块多姿多彩；
日照下奔腾而去的黄河泛起阵阵金光，
更像一条舞动着的巨龙；
夜幕下渐渐稠密起来的灯光，
犹如画家在他的画卷上添上一笔又一笔……
如果是在雪天，
晶莹的雪花突然从天而降，
纷纷扬扬，
静静地伫立，
倾听雪的喧闹，
欣赏雪的舞步。
一切都是美好的。
连时间都是停止的。

一切一切，让我心跳加速，脑海里闪过一个又一个念点。

在山上，看城市的朝风晚月，犹如打开一首首诗篇；观黄河奔腾东去，感觉心也跟着放飞……

远山隐隐，远水粼粼，天涯远。

我走着，每到一个山弯处就有一个新的视角呈现黄土地城市不同的精彩。

我们登上皋兰山顶最著名的景点——三台阁，它原名魁星阁。从城中向南望山顶，因能看见三座墩台，故而得名。三台阁是一座四角的阁楼，每个角都悬挂着风铃，墙面上雕刻了许多佛像，栩栩如生。站在三台阁，远眺俯瞰，兰州城全景尽收眼底。夜幕降临，城中万家灯火、绚丽多彩。

三台阁所在地是兰州的瞭望塔和制高点，在冷兵器时代，建筑物低矮，城内一举一动尽收眼底，为兵家必争之地。

在三台阁，当地人给我们讲起“刘伯温斩断龙脉”的故事：明朝辅佐朱元璋开国的首席军师刘伯温发现西北方向有龙气生成，对大明江山不利。于是来到兰州城，看到黄河奔腾而去，南北两座大山隔河对峙，黄河中的水汽竟然与南北两山的雾气逐渐融合在一起。南北两山不正是两条龙吗？南面的龙头在皋兰山，北面的龙头在九州台，两龙相交，将要出真龙天子。于是，刘伯温挥剑向皋兰山斩去，相连的山脉便被斩出缺口。人们说，龙脉断了后，兰州风水大坏，南北两山生态逐渐恶化，变成了荒山秃岭。明清以来，兰州甚少出大官，官职最高的仅仅是个兵部尚书，更没有顶尖的学术大师。因此人们在皋兰山顶修建了三台阁（魁星阁），以聚集兰州文脉。

被誉为兰州八景之一的“兰山烟雨”，始建于明初、距今已有 600 余年历史的标志性建筑三台阁。这些，难道就是兰山文化的全部吗?

粉黛江山留得平湖烟雨，青衣天下尚余高楼蔽月。

我们把观察视角伸向周边。从凌晨至夜晚的踏勘，心中的激动之情也无以言表。山下的风景是如此的壮观：黄河穿城而过；城市的夜灯一片一片地亮起……

所谓“你在桥上看风景，而看风景的人也在看你”。

如果大胆臆想，以黄河为呼应，在山上另造一条长龙。山上巨龙盘亘，山下黄河蜿蜒。华夏情喷薄而出，游客又如何不激动！

“巨龙”长廊串起山上的观景点，行走其间，一面望山下黄河咆哮而过，一面缤纷的文化纷至沓来！

从山下向上看，一条巨龙盘亘在山腰，气势磅礴！

这观景与景观的视觉连线一下子把荒山激活。

当年刘伯温在这里为朱元璋斩断龙脉，现在我们恢复一条新的巨龙，与黄河这条水龙形成水陆二龙并驾齐驱。

甘肃 · 兰山
华夏第一廊

项目资料图
Aerial view

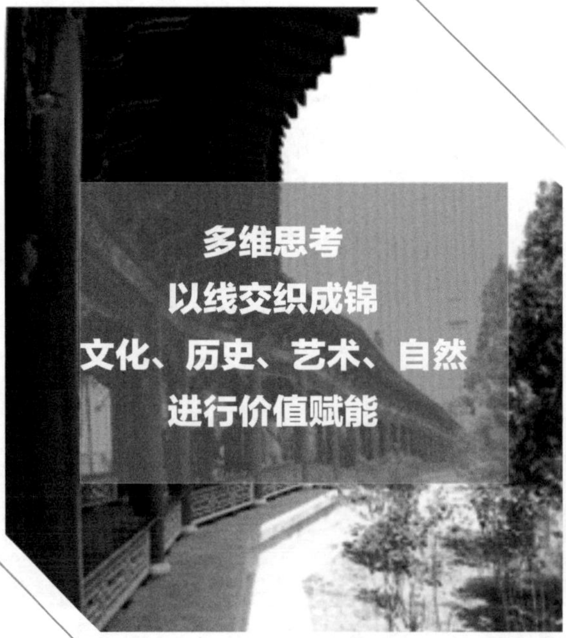

对！串点点，成条线也。

对！龙为形，王为气也。

所有的这一切，几乎就在几秒钟内形成一个构想：

“华夏第一廊”！

半壁春光堪醉，

清风逐月长廊，

尘烟不染自芳华，

付与远山汀沙。

黄河之都，长廊品之

兰山形若蟠龙，自古人杰地灵。朱元璋怕在此地再出现真龙天子，才有“刘伯温斩龙脉”一说。我的总设计思路是：依据现状地形地貌和上山沿线观景线路，规划布置长廊，似长龙卧波，重现山体龙脉。

长廊的位置根据兰山的地形顺势而布，主题部分布置在兰山山顶的东北侧。整条长廊蜿蜒起伏，从城市的角度看去，“华夏第一廊”犹如一条翻腾的巨龙游走在兰山之巅，与黄河遥相呼应，其壮丽景象，将给兰山增添风采。又与白塔山形成南北对景，进一步提升兰州“两川一河”的景观格局，塑造旅游新热点。

长廊的主廊采用北方风格（西北地区），主体以空廊为主；同时，其间的回廊、爬山廊、复廊、半廊、楼廊、曲廊和壁廊等依势而造，形式几乎涵盖中国古典长廊的所有样式。在色彩上采用金顶红柱，蜿蜒兰山 1.9 公里，似长龙卧波，其雄姿与黄河一刚一柔、一阴一阳交相呼应，形成兰州独具特色的两道风景线。

而从主廊上向景区延伸出的副廊，串接起各个景点，并分别采用了北方、岭南、徽派、江南等全国各地的建筑风格，运用浮雕、壁画、漏窗等艺术手法，成为各种建筑风格的鉴赏区。

有了“华夏第一廊”这个核心引爆点，如何利用这一“龙头”，将整个景区盘活呢？

“华夏第一廊”之长，不仅仅是空间跨度之长，更重要的是展示时间跨度之长！

这里，是西北文明奥区的最新传播场域。

兰州地处祖国的大西北，但并非一些人想象中的“一川碎石大如斗，随风满地石乱走”那种苍凉之地，其厚重的文化非常值得品味。

兰州有中国旅游业的图形标志、中国青铜艺术的奇葩、国宝级文物——马踏飞燕，骏马矫健的英姿和风驰电掣的神情，带给人们两千年前的力与美。

兰州有东西数十公里、全国最长的市内滨河路，可以欣赏黄河风情，参观沿途点缀的“平沙落雁”“搏浪”“丝绸古道”“黄河母亲”“西游记”等众多精美的雕塑。

兰州有毫无人工雕凿的原始自然风景区，被誉为“神话般的绿色山谷”——吐鲁沟国家级森林公园，峰峦叠嶂，林木苍翠，曲径通幽，吐奇纳秀……

兰州的文化需要传播，黄河的文化也需要传播，陇上的文化更需要传播。

而兰山“华夏第一廊”，就是最佳的传播载体。

长廊展示兰州的丝路、边关、黄河、宗教和名人等文化，打造出一条独特的人文走廊，与城市、黄河、青山构成了一幅立体山水画。在长廊上观城、河，自成一条观景带，而在城市中观山、廊，又是一条景观带。“你站在桥上看风景，看风景的人也在看你”。长廊与城景交相辉映，雄伟壮丽，并随着四季的变化和每天朝晖夕照的光移影换，展示一幅幅多姿多彩的唯美画卷。

看过春风十里，见过夏至未至，试过秋光潋滟，爱过冬日暖阳。

“来兰州，不上兰山看城观河乃憾事也。”

这里，是华夏上下五千年文明的集中展示区。

利用长廊沿线可用场地，以“忆古溯远，追梦寻怀，望源知泉”为脉络，以各个朝代代表性建筑为形象载体，配备雕塑、景墙等构筑物强化展示，并以匾额、抱柱联、壁画、碑志、浮雕等来丰富忆祖园、古夏园、溯商园、远周园、追秦园、梦汉园、魏晋南北园、寻隋园、怀唐园、望宋园、源元园、知明园、泉清园等十三个园。这13个名字组合起来，正是中国古代史上的“十三个历史时代”。

长廊重点展示“历史之先，历史之最”的特色，内容涉及科技、文化、宗教、学术、艺术、金融发展、手工业、军事、建筑等各个领域，宣扬华夏的悠久历史、文人墨客的智慧内涵，文明薪火相传，绵绵不绝。

围绕长廊周边，我们用不同元素进行规划、设计、构筑，以表达华夏传统文化与兰州历史文明的景观：

——楹联。作为廊上景观的代表符号之一，它将古代文人墨客和达官贵人的绝佳诗句、精彩对联以丰富多彩的书法艺术展现给游客，让游客仿佛置身在古代吟诗作对的文雅氛围中。不仅展现了古人的文化内涵，还将中国古典书法的艺术美感表现得淋漓尽致。

——中心坊。沿着长廊，游客可以仔细欣赏一幅幅纵贯于长梁之上的彩绘图。丝路中举世闻名的敦煌、神秘的楼兰古国、万人惊叹的东西方艺术瑰宝；黄河边波澜壮阔的河口治理文化、乡情浓郁的移民文化、壮观神奇的湿地文化……让游客尽情饱览丝绸之路光辉灿烂的文明，探寻黄河母亲兴盛发达的历史。

——石刻。一百四十多块硕大的石头上，刻绘影响中国历史的140多个重大事件。从浩瀚的历史事件中，精选的重大事件，上起于华夏民族的形成，下迄于中华人民共和国成立，内容涉及多方面，立体具象地展现波澜壮阔的中国历史画卷。从中，游客可以窥视历史前进的脚步，领略人类进步的一个个阶梯。

——复廊。这是长廊中不可或缺的一个部分。作为廊的延伸，复廊叙述的是华夏历史上 13 个时代。三皇五帝，千秋百代，兴亡成败过眼烟云，朝代的变迁不曾改变华夏民族的赤子之心。看 13 个历史时代，晓历史之精粹。

在廊的匾、柱、铺地上采用文字、彩绘等表现形式，在廊的周边采用雕塑、壁画、彩陶、石刻等表现形式，数公里的长廊也就成了华夏的一幅历史长卷。

继绝，成为打开兰山旅游区特色的一把“金钥匙”。

最终成型的，是一条独特的人文走廊，一条兰州历史文化旅游山脊景观带。我们以文化为灵魂、生态为根本，以“华夏第一长廊”和“台地式公园”为特色设计，将兰州市的历史脉络和传统文化、兰山公园的山水资源作为设计线索，展示兰州的丝路、边关、黄河、宗教和名人等文化，把三台阁、普照寺、魁星阁三个核心景点串接起来，形成体验历史文化、宗教文化、民俗文化、地域文化、绿色文化为主题的山地生态公园。进一步以点及面，综合五泉山公园、伏龙坪、兰山山地生态公园和三营子，打造一个区域文化体验、区域市民休闲游憩的大兰山公园。

我带领团队准确定位旅游发展方向，以文化、生态为立足点，精心挑选、强力打造龙头旅游景点，实施“龙头带动”战略，将华夏第一廊作为兰山景区的龙头来打造，拉起了“国人向往，游客震撼”这面旅游发展的大旗。

强化“意境文化”，提升长廊价值

也许是“华夏第一廊”概念的魅力，也许是我们规划方案的其他亮点，方案很快被通过。

项目规划一期建造的 1.9 公里长廊，凭借迂回曲折而成的多角度多视点，观河、观城、观景，欣赏一幅幅立体山水画。长廊所产生的观景和景观的双重效果，振奋了世人，获得了市民的高度赞赏。有人感叹：“‘华夏第一廊’是祖国西北部地区的标志性构筑，是兰州城市的名片，是兰州旅游的核心吸引物。”旅游市场上逐渐有了“到北京，登长城；到兰州，游长廊”的说法。2013 年，市政府即决定，将我们原来的方案中规划的 1.9 公里延伸到 3.2 公里。

我率团队进一步延伸品牌，继往开来，创造跨越时空的长廊。

这一次，我没有简单地复制沿袭既往的成功模式，而是创新提出“意境文化”的概念，以此提升长廊价值。

我认为：长廊不仅有“景观文化”，更需“意境文化”。

我们说的长廊是一个文化载体，是它满载的文化而使它价值无限，因为它能让人们产生一种廊窄意宽、廊空意满、廊尽意无尽的神秘感觉。由此，我们不得不思考这样一个问题：这文化怎么载？怎样才能载得“满满”的？我认为，长廊不仅需要楹联、中心坊、石刻、复廊等“景观文化”，对“意境文化”的创意、策划尤其重要。

我们思考的第一个问题是：如何将兰山上的资源与长廊文化结合起来，融入长廊的“景观文化”。壮丽气派的长廊是在海拔最高的兰山上构筑的，因其地势险要、绵延悠长，所以投资成本较大。想要在较少投资的基础上，获得更高的长廊文化价值，我们必须充分利用长廊的视角，深入挖掘现有的三台阁、普照寺等兰山上的景观资源。

我们思考的第二个问题是：仅以配置的“景观”还不足以丰满“长廊文化”，如何让更丰富、更厚实的文化借长廊的视角得以传播。长廊的“景观文化”强调华夏的历史文明，虽具有了多层次、多元素的特征，但是在体现的过程中仍然具有很大的局限性，长廊价值的体现也受到一些限制。

鉴于上述情况，我们以“投资极少”为原则，以“效率极大”为目标，以“品位极高”为方向，策划了“意境文化”的概念。

在绵延数里的长廊上，在居高临下的不同空间内，通过“意识”和“情境”的交相转换，让兰州和黄河的文化得到传播。

“意境文化”，打开了长廊的新空间，找到了兰山的新感觉。

为了说明“意境文化”的效果，我们向决策者模拟了实景效果的文化演绎：登顶兰山，倚长廊分别从平视与俯视的角度观城市、望黄河，夕阳下的兰州城郭、黄河水车、雁滩大桥、中山桥、黄河两岸、黄河水道……历历在目，灿灿发光，展示这座城市往昔与未来的辉煌。

长廊“意境文化”延伸的另外一个重要功能，就是让游客不需要盲目地奔走在大街小巷、也不需要临时查找地图，就能为兰州之旅做指引。游客可以在长廊上居高临下地先了解它们的方位。那么下了山，你就可以满怀期待地直奔而去。这种为游客省钱省时省力的“意境文化”，它延伸意义十分深远。

“意境文化”的创立，极大地拓展了长廊的文化内容；极大地缩短了我们和兰州城、母亲河的距离；极大地拓宽了游客的视野；极大地推动了陇上文化的传播；极大地丰富了另一种品兰州、品黄河方式……它让长廊满载城河文化，使长廊不仅仅是一个景观建筑，还是兰州文化、黄河风景、华夏历史的寄情之地。这些逐量增加的“意境文化”，使长廊的价值发生“质”的飞跃。

黄河之都，长廊品之。

如今的兰山山地生态公园，按照我们策划规划的方案进行整体改造之后，是通过“一轴、二带、四核、五园”来诠释生态旅游的理念的。

一轴，即以兰山钟院、三台阁、佛教文化院、魁星阁四点连接的一条文化轴线；

二带，即以“华夏第一长廊”为景观和观光的“长廊风光带”，以展示生态花园、生态培育、生态休闲为主的“绿色观赏带”；

四核，即以“三台阁”“普照寺”“魁星阁”“华夏第一长廊”为景区的核心景观；五园，即文化展示园、生态休闲园、台地博览园、名人文化园和山地游乐园。

兰山山地生态公园，成为了兰州人民休闲、游憩、观光和健身的好去处。它以文化为灵魂、生态为根本，以“华夏第一长廊”和“台地式公园”为特色，将兰州市的历史脉络和传统文化、兰山公园的山水资源作为线索，把三台阁、普照寺、魁星阁三个核心景点串接起来，形成体验历史文化、宗教文化、民俗文化、地域文化、绿色文化为主题的山地生态公园。兰山山地生态公园新的规划提出以三台阁、普照寺、魁星阁为核心，以宗教文化、民俗文化、民俗风情为兰山文化脉络，形成汇集历史文化体验、绿色成就展示、城市景观观赏、市民休闲游憩为一体的城市山地公园。

也许在全国乃至世界，有很多人不知道兰州却知道“华夏第一廊”；也许三百年以后，“华夏第一廊”就是世界文化遗产，永不磨灭。

这就是我“三百年以后讲今天的故事”——策划让旅游规划更精彩！

[策划札记]/Notes

立足项目，超越项目

我们规划观景点，考虑的是如何把景观点串起来形成一根线；我们策划线路，考虑的是如何联系更大的空间元素展示一个面。

旅游策划人只有让思想站在一个更高的制高点上，才能引领决策者和游览者发现风景的价值。

发掘项目的亮点，而不是跟在别人后头“嚼剩馍馍”，做复制抄袭的“搬运工”。

我们在策划兰山生态公园“华夏第一廊”时，多维思考，以线交织成锦，以“五线谱”思维奏响策划成功之曲——利用长廊将山上观景点串成一线，长廊以楹联、诗词和赋为文体类型，以绘画和书法、雕塑为表达形式，将甘肃五千年黄河、丝路、民族文化脉络纺连为一线；长廊的观景功能与景观功能遥相呼应成视觉通达一线；长廊集“健身、观景、景观、休闲、文化”融于一线；沿廊以中国古代史“十三朝”命名的园林，串情景化历史故事交织一线。

这是兰州文明、黄河文明的继绝之作，更是上下五千年华夏文明的继绝之作！

“华夏第一廊”的继绝，需要对本土文化深厚的洞察力，更需要超越现实之境的非凡创造力。正如文学创作那句至理名言：“源于生活又高于生活。”优秀的旅游项目策划必须立足项目资源而又超越资源局限，运用创意思维放大项目的文化深度、辐射广度和市场热度。

甘肃·兰山 华夏第一廊 鸟瞰图 Aerial view

湖北 · 石田古驿：以旧演新，古驿传情

青山叠翠，碧水荡漾，竹林摇曳，石田驿道边的田野上，不知名的野花盛放，苏东坡的心情因赏心悦目的风景而变得轻松愉悦起来。天色已晚，诗人在此勒马留宿山民家中。

身处清幽的山居，东坡的心沉静下来，即兴赋诗《自兴国往筠宿石田驿南二十五里野人舍》：

溪上青山三百叠，快马轻衫来一抹。

倚山修竹有人家，横道清泉知我渴。

芒鞋竹杖自轻软，蒲荐松床亦香滑。

夜深风露满中庭，惟有孤萤自开阖。

名人效应，让历史记住了这石田驿，甚至枫林铺边一座碧云山，因苏东坡的这次路过，从此改名坡山。

也是因为诗人的一夜诗情，900 多年后，石田古驿开发成了一个景区。

好像一切都是那么的顺其自然。

但在诸多方面，其实不然。

一生坎坷的诗人苏东坡

湖北省阳新县枫林镇。

石田古驿，历史上是湖北出江西的最后一个驿站。

北宋元丰七年（1084）四月，47 岁的苏轼（字东坡）打马从这里路过。

这个宰相胚子、“唐宋八大家”之一、豪放派诗人，5 年前因“乌台诗案”被政治对手弄得九死一生，从湖州知州，到下狱待杀，再贬为黄州团练副使。经此大起大落，历史上少了个政治家苏轼，多了个文学家苏东坡，人生的路在他眼里开阔了许多。

这年皇帝开恩，一纸手札命苏轼从荒凉的黄州迁到京师附近的汝州。但已看淡仕途的苏轼并不情愿靠近天子脚下，绕了个大弯，取道江西去赴任，一路磨磨蹭蹭，走了一年多还没走到，并上书乞居常州。

那一路上踏着青石板古道，快马轻衫的诗人在群山中走过。在他眼里，只有山水间的竹林人家、芒鞋竹杖、蒲席松床、风露满庭、流萤闪烁，没有庙堂上的勾心斗角、党同伐异。

尴尬的“登山道”与“候车亭”

枫林镇位于湖北省与江西省交界，位踞吴头楚尾，有“荆楚门户”之称，是湖北的东大门，鄂赣边陲商贸“口子镇”。“石田古驿”位于枫林牛湖之畔，总面积 1 万余亩，其中水域面积 3000 余亩，风景秀丽，交通便捷，景观众多。战国时期，伍子胥在此操练士兵，留有伍子胥点将台遗址。2012 年，阳新县市政集团公司投资 3 亿元，计划建设 4A 级石田古驿景区，当年国庆节期间一期建成营业。

在我的团队介入之前，景区已建成古驿之路、花果山游乐场、石田生态农庄（五星级农家乐）、千亩花海基地、石田开心农场、农俗博物馆、采笋基地、垂钓乐园、荷塘月色等景点，推出了古驿文化体验、康体游乐、儿童拓展、乡村特色美食、农耕文化展示、农事采摘等旅游活动项目，2013 年已正式开园营业，对外接待游客。

但是，景区并没有达到理想中的火爆效果，市场反应较为平淡。2016 年，景区规划进行二期开发，促进景区上档升级。于是邀请我率苏州八斗才景观规划策划有限公司专家团队现场问诊，把脉寻源，进行景区提升策划。

从杭瑞高速公路阳新木港出入口，往木港新街方向走过大德水源，沿左边一条弯弯的山间小路拐进去，一会儿，便豁然开朗，似乎来到了一处“桃花源”，这就是“石田古驿”景区。

一到现场我就已经了然：景区？农家乐？一期建设中，缺乏用“智力”开发，硬是把驿道修成了“登山道”，把驿站建成了“候车亭”。

“石田古驿”景区的优势在于整个区域有平坦的田园，有起伏的浅丘，有绵延的大山，但，仅为自然而不为景观。

我对委托方说了三句话：一、古驿之道，游客需要的不仅是登山之道，更需要文化之道、体验之道；二、驿站之处，游客需要的不仅是几个简易构筑，更需要优质的“驿”字产品、“驿”性项目；三、投资者需要的是游客的二次、三次，甚至更多次的消费，带来效益，让景区可持续发展。

因此，摆在旅游策划师面前的任务极为艰巨：文化创“景”，如何造特色、创魅力？

古驿之道，一条文化线路的演绎

文化资源强调它的独特性和唯一性，打造旅游景区，必须挖掘当地文化资源，萃取文化精髓。通过对当地文化资源多角度、多时代的梳理分析，我们发现“古”文化是本地最大的资源优势。

驿道是古代的国道，驿站类似今天的招待所。古代的驿站既有因朝代不同而有异，又有因地域差异而有别。而在全国，目前以“古驿”文化为主题的旅游景区尚不多。

于是我们找到景区传承与突破创新的点——“古驿”文化。

古驿道是我国五千年文明史的活化石。古驿道又称驿路、官道，指古代经由驿站传送公文的交通路线，多设于通衢大道，是中国古代陆地交通主通道，同时属于重要的军事设施之一，是主要用于转输军用粮草物资、传递军令军情的通道。如著名的丝绸之路，湖广古驿道、梅关古驿道等。

驿道上每隔若干里设置一个驿站，驿驿相接，纵横网络，以京师为中心，向四方辐射；再以地方首府为重点，逐级扩展，星罗棋布，形成网络，沟通了中央与地方及地方之间的联系，使政令通达，军报快捷，民情流畅。

据甲骨文记载，商朝时就已经有了邮驿，周朝时进一步得到了完善。那时在送信的大道上，每隔 34 里设一个驿站，驿站中备有马匹，可以在站里换马换人，使官府的公文、信件能够一站接一站不停地传递下去。我国邮驿制度经历了春秋、秦、汉、唐、宋、元、明各朝的发展，一直到清朝中叶才逐渐衰落，被现代邮政取代。

以“古驿”文化提升石田古驿景区，这是各方的共识。前期沟通中，委托方提出的构想框架是：再现千年前的石田古驿风采，重温苏轼的石田古驿体验。这是以文化继绝打造景区的核心，但不是全部。

中华几千年驿道文化，以石田古驿为载体，通过旅游开发再现和发掘，不敢说“后无来者”，起码是“前无古人”，这是绝佳的市场引爆点。我们要把古驿文化放大，放大，再放大！

思路决定出路。由此，我们放大资源优势，突出古文化特色，还原古驿，营造文化氛围、文化故事等多层次、多角度的“古驿传情”。

沿着石田古驿，历史场景缓缓展开：

扶摇草亭——西周时期邮驿的出现

溯源：据《古今志》记载，尧曾经“设诽谤之木”。这种木制品形似后世的华表，既可以在上面书写对政府的意见，又可以作为路标。这大约是我国文字记载的向上级表达意见的一种最早方式，也可以认为是上古时代原始形式的上书通信。据考古发现的甲骨文记载，商朝已有了专门传递信息的信使，到了西周已经有了比较完备的邮驿制度。

设计构思：在此处设置部分草亭，供游客休息。草亭外用不同的木桩组成木桩阵，每个木桩上标上健康、姻缘、财、福等字，将祈福牌做成简书和符信的样子，游客可以买各种祈福牌，挂在木桩上，挂得越高，愿望越能实现。周边还设置涂鸦柱，游客可以在上面涂鸦，留言。在这里，游客还可以品尝黄石小吃印子粑。

子胥驿——春秋时期邮驿的发展

溯源：春秋时传递通信效率越来越高，到了战国时期，各诸侯国之间交往频繁，简书和符信的风行成为当时邮驿通信的标志之一。战国时期，伍子胥屯兵至此，子胥驿作为其战略储备之重地，在此操练士兵，留有伍子胥点将台遗址。

设计构思：此驿站模拟还原当时伍子胥屯兵操练的场景，工作人员穿上练兵服模拟古代士兵操练和巡逻，其他游客可以穿上盔甲扮演士兵，也可以拍照纪念。驿站广场上设置练兵沙袋、梅花桩、兵器台等游戏设施，游客可以游玩体验。驿站美食坊内，游客可以在这里休息，观看表演并且品尝为了纪念伍子胥的小吃炸糍粑（战国时期伍子胥在建“阖闾大城”时，为了保存备荒粮，将大批糯米蒸熟压成砖块放凉后，作为城墙的基石储备下来。越王勾践举兵伐吴时，将吴国团团围住，大家将糯米砖石掘起，敲碎，重新蒸煮，分而食之。后来，在楚天一带，人们每到丰年年底，便要用糯米制成像当年“城砖”一样的糍粑，以此来祭奠伍子胥）。

云兮邮驿——秦汉时期邮驿统一并逐步发展

溯源：秦王朝是我国统一的封建中央集权制的开始。秦朝把“遽”“驲”“置”等不同名目一概统一称为“邮”，使之成为通信系统的专有名词。汉朝的邮驿制度比秦朝有了更大的发展，地方邮驿管理比前代更正规化。

设计构思：在此处设置一驿站，站内展示秦朝时期的邮驿发展，并定期有汉服表演。游客可以租或者买汉服留作纪念。建筑内还设有茶室，游客可以穿汉服学习茶道表演，也可以品尝特色小吃糯米鸡。

水上驿站——魏晋南北朝时期邮驿的发展

溯源：三国时东吴邮驿的最大特点是出现了水驿。南方的水驿到西晋时进一步发展；到南朝时，江南水驿尤为发达，不少书信公文的运输和官员出使全由水路；到隋唐时，水驿得到更大的发展。水驿的运用，促进了南朝和邻国朝鲜、日本的经济文化交流。

设计构思：沿水边设置一水边驿站，设置餐饮，垂钓区域。游客可以钓鱼。钓上的鱼可以自己烧烤、烹饪。鱼塘内可以种植莲藕、菱角等水生食材。游客可以挖莲藕，捞菱角。在水上驿站里，游客不仅能品尝到瘤丽蚌、湖银鱼等阳新特色河鲜，而且还能吃到名扬天下的太子豆腐（三国时期，孙权称帝后，立孙登为太子。当时为武昌郡的阳新境内遭遇特大暴雨而变成一片汪洋，成千上万的灾民流离失所。孙权携孙登亲赴灾区，赈济灾民。太子孙登还来到疫区施药救治时，自己也染病。王贵妃得知后，立即派人赶到益昌。益昌村村民在王贵妃的指点下，每天吃由当地地下水制作的豆腐，然后在身上涂抹当地一个大溶洞内的淤泥，终于战胜了瘟疫。从此，太子豆腐名扬天下，历朝都将其作为贡品）。

邮驿传舍——隋唐时期邮驿发展的鼎盛期

溯源：隋唐时期邮驿事业发达的标志之一是驿的数量增多，最盛时全国有水驿 260 个，陆驿 1297 个。那时，专门从事驿务的员工共有 2 万多人，其中驿夫 1.7 万人。唐代定型了中国古代驿站法律制度的基本内容，其所确立的驿站军事化管理体制和法制内容一直沿用到清末。

设计构思：隋唐时期邮驿的发展也是一个发展比较快的时期，唐朝时期与各国往来也是一个旺盛的时期。唐朝的集市十分发达，夜市也开始流行。本节点通过小集市的打造来展现当时的盛景。此区域的人都身着唐服，有各种贩卖商铺，售卖具有唐风的旅游产品。游客也可以参加唐朝时期流行的游戏，例如投壶（以盛酒的壶口作标的，在一定的距离间投矢，以投入多少计筹决胜负，负者罚酒）、射鸭（将木制的鸭子放在水面上漂浮，宫人们轮流用弓箭射之，中者为胜）、簸钱（又称打钱、掷钱、摊钱。参与者先持钱在手中颠簸，然后掷在台阶或地上，依次摊平，以钱正反面的多寡决定胜负）。

古驿马场——宋元时期邮驿制度的军事化

溯源：宋代由于战争频繁，军事紧急文件多，要求既快又安全，出现了传送紧急信件的专门传送文书的形式——急递铺。设置金牌、银牌、铜牌三种：金牌一昼夜行五百里，银牌四百里，铜牌三百里。实行每到一站换人换马接力传递。

设计构思：马场内设置蹴鞠场地，游客可以游玩蹴鞠。设置极限加速挑战场地，游客可以骑马组队比赛，沿途设置各种关卡，游客进行闯关游戏等，并获得奖励，奖品可以是免费游玩一次、免费品尝一道菜等。建筑以宋朝建筑风格为主，建有专门设施为游客提供骑马装备、比赛奖品和美食小吃（香蕉酥、葱香千层肉饼、糊面等）。

会同驿站——明清时期邮驿制度的发展

溯源: 明朝时在首都北京设置了全国驿站的总枢纽“会同馆”，在一般的“递”和“驿”之间设置了运输货物的专门机构“递运所”，兴起了民间自发经营的通信组织“民信局”。到了清代，“邮”和“驿”合并，缩短了信件的传递时间，大大提高了工作效率。清代中期以后，旧式邮驿出现了很多无法弥补的弊端。清政府在 1896 年开始兴办新式邮政，驿站逐渐被代替，到辛亥革命后的 1913 年，北洋政府终于宣布将驿站全部撤消。

设计构思：驿站游线的终点，在这设立一个大的服务中心。这个也作为驿站的总枢纽。内设有展览展示、餐饮、服务等功能。外部有直升机停机坪、停车、换马等服务功能也设置有土特产区域，游客可以在这里品尝黄石港饼、王家酥麻花、阳新番鸭等特色美食。

以上 7 个景点连成新增古驿之道游线。现状土路进行拓宽、铺设石子。游客可以选择步行、乘坐马车、骑马或电瓶车游览。

此游线以驿站发展历史为主题，沿线建筑和构筑物表现不同时代的风格，不仅让游客了解驿站的发展历史，又能在游览的过程中品尝不同的小吃、参与体验各种主题旅游项目。

石田古驿文化，由此放大为中华古驿文化，景区历史文化底蕴更加厚重，旅游价值得以大大提升。

爱情驿站：基于体验旅游的情境再造

成功的景区提升项目，不是原地推倒重来，也不是异地重建，另起炉灶，必须充分研判原有景点的引导与融合，点石成金。

对一期石田古驿景区已建成的项目和游线，我们以爱情为主题，以苏东坡的爱情故事为线索，融入苏东坡等文化元素，结合驿站文化，在丰富现有景点的基础上增加爱情主题的新的体验互动游玩项目，策划改造成爱情驿站游线。

爱情驿站第一站：聚缘亭

断桥邀月，暗柳摇曳；说一句浮生未歇，溶解了谁的胭脂诀别。

策划：单身男女在这里取爱情卡，填写基本信息。在现状桥上挂上游客对爱情的祝语卡片，或者各种空白爱情卡，单身游客可以任意取下，填写交给工作人员。如果是情侣，可以取爱情卡片兑换券，每张券上内容不一样，拿到兑换券的一方，无论抽到什么样的爱情卡都要无条件地服从爱情卡片上的内容。 老年伴侣、中年伴侣可以进入交友群，参加相关活动。

爱情驿站第二站：东坡忆游

史书长页，落字为约，书一纸生离死别，湮没了谁的风花雪月。

策划：游客选取苏东坡的爱情诗词填写在爱情卡上，作为的表白，显示个性。

爱情驿站第三站：爱情上上签

泪覆朱砂，红妆待嫁，诉一段海角天涯，放弃了谁的满城烟花。

策划：游客在这里可以抽取约友签。情侣们可以在这里为自己抽一支签，算算自己的姻缘，为自己的姻缘祈福。在凉亭旁设置信息检索墙，单身游客可以根据自己抽取的约友签，找到对应的号码，再从号码盒内找到能够找到对方信息的字条，然后根据信息找人。

爱情驿站第四站：浪漫祈福

三生姻缘，一念之间；梦一场人生初见；诗化了谁的似水流年？

策划：设置甜蜜坊——美食制作区域，情侣游客可以一起制作同心饼、同心巧克力、同心面等美食，编制红线手链等。

爱情驿站第五站：佳缘亭

油纸薄伞，如花美眷，释一纸断线纸鸢，诉说了谁的山态万千？

策划：将华表换成木质的柱子，刻寻友方向。情侣可以购买情侣衬衣、情侣扇子（不同的颜色、不同的苏东坡诗句），去遇见有缘的人；购买偶像杯。

爱情驿站第六站：驿灯楼

青石长阶，岁月折叠，失一段人生特写，敷衍了谁的犹豫不决？

策划：基地制高点，处在于显露位置，景区多个区域能看到，但是建筑面积太小，建筑风格与周边存在差异，没有特定意义，价值没有发挥到极致。我们现场勘察之后认为应改造提升。规划保持原有构筑作为中心楼梯，四边延伸重构，设计成为驿灯（油灯）造型。游客可入楼观光、谈情，也可观楼祈福缘分。

这里还有一个关于驿灯的故事：苏东坡骑快马，着轻衫，穿越三百叠的群山，来到了石田境内。虽是驿站的野外修竹倚山，清泉横道；屋内芒鞋竹杖，蒲荐松床。但是到了夜晚，油灯前，苏东坡内心孤寂，心绪不宁。苏东坡多么希望有一个人相伴左右，她是生活中的伴侣，也是事业上的搭档。他双目凝视着如墨的窗外，泪水模糊了双眼……忽然间，只见油灯的火苗往上窜了三下，渐渐又小成一点点，一点点。室内渐渐暗了下来，而窗外的月光下，只见一位如仙般的女子从山坡上轻盈地滑落下来，如“云”朝着东坡飘来。苏东坡张开双手，口中喊道：“佳人也！”就在瞬间，油灯的火苗又亮了起来，而此时的油灯不在桌上，已被苏东坡深情地捧在胸前。油灯的火苗映得苏东坡的脸不再憔悴，火苗的光亮烘得苏东坡的心不再冰冷……从此，苏东坡就把这盏油灯随身随行，希望在点亮它的时候，有一知己朝他走来。不知是油灯为媒呢，还是命中注定，过不多久，一位名叫朝云的姑娘进入苏东坡的生命，两人相伴相知相爱。那时苏东坡被贬于黄州，朝云才三十出头，而东坡已年近花甲，再无东山再起的希望，身边的侍儿姬妾都陆续离去，唯朝云始终如一，相伴左右，悉心照料，还创出了一道流于后世的名菜：东坡肉。

时隔千年，进入 21 世纪的石田古驿人被苏东坡的那些诗、那些词、那些画，还有苏东坡的才华和美丽的爱情故事所深深打动，即以苏东坡在石田驿站留下的诗篇《宿石田驿》处重建“石田古驿”，以此传承国学精粹；并以“油灯”为原形设计构筑地标性景观“驿灯”，祝愿天下有情人仪夫仪妻，遇良人，得佳伴。三百年后，“驿灯”之山成了人们祈福爱情的圣地，也因此而成为世界文化遗产。21 世纪的旅游人能为后人留下一些什么呢？这就是三百年以后讲今天的故事。

爱情驿站第七站：情缘满屋

桃花折扇，倾世容颜，醉一片弹指流年，搁浅了谁的沧海桑田。

策划：对现状农家乐其进行改造，打造主题酒店，定期举办相亲交友会。举办“缘聚古驿、情定石田”相亲会，策划同心圆里觅姻缘（8分钟相遇）、齐心协力闯情关、心心相印勇往直前、情歌对唱意绵绵等活动。

重新包装设计景区内的东坡楼——以东坡文化为主题的建筑。建筑以铜钱为造型，建筑周边种满花卉，建筑内设三个门，每个门代表“财”“官”“文”。将房前的草坡做成滑道，游客滚球入财、官、文门。原前房作为售票处，后房作为游客取球之处，侧房作为游客休闲之处。

东坡楼由来的故事：苏东坡一生好学博览。尚在年幼时，就常常语出惊人。其父望子成龙心切，时时观察儿子的行踪举动，一阵子突然发现儿子常常拿着一本书，去宅院东边的一个坡下读书。坡下是个谷地，有一棵大树，一洼碧水。冬天，这里背风朝阳，夏天，这里树荫蔽日。一日，苏父领一测字先生来到坡谷，想问问儿子缘何这般恋此。测字先生举目一望，哈哈大笑道：“此乃风水宝地。”说着，随即把四枚铜钱抛向谷中，当二人下坡去看币面时，发现坡上的石头已被磨滑。原来苏东坡每次下谷时，不是走下去，而是滑下去的。见此，测字先生又拿出四枚铜钱，顺坡滚落下去。测字先生仔细查看了铜钱的位置与面向，喜中有忧。苏父急问：“怎也？”测字先生抛下四句话即扬长而去：“智高才是墨，情浓偏亦贤，仕暗途为坎，游广驿也家。”

此外，对品质不高的现有部分景观区域进行景观改造提升，增加新的活动内容，调整和梳理游线，围绕“爱情驿站”改造成为荷塘月色、柳浪闻莺、田园牧歌、开心农庄、幸福花海等景点，相互呼应，共同形成爱情主题景区。

情满山谷，爱在石田。

一个新的景区将重新出现在世人的眼前。

【策划札记】/Notes

旅游策划“寻根立魂”理论的实践

旅游策划的过程实质上是一个不断捕捉璀璨创意的过程，而创意常常来无影，去无踪。除了依赖多年实战经验，信手拈来、“经验刺激”之外，旅游策划创意可能早已出现在书籍中，或是古人的智慧里，只是没有被发现，没有被重视，抑或仅仅是一个点子。

在“石田古驿景区提升策划”中，我们面对项目开发建设中的各种困难，从市场角度剖析问题，重新挖掘和提升景区的品牌价值，通过现场实地勘踏，搜集资料，从《中国古代驿站与邮传》中找驿站的发展史诗，从《中国古代交通图典》中寻驿站的建修图例，从网上查阅苏东坡与驿站的轶闻趣事，从中筛选、提炼、创作，形成既有文化知识，又有游览体验的项目。把历史的“曾经”与当今的“现实”有效结合；把旅游的“人为”与自然的“生态”有机吻合，极大地提升了景区的品质和品味。

旅游策划，就是一个实现由“文化”到“灵魂”到“飞跃”的过程。

第一个“飞跃”就是“寻根”，也就是从现状中挖掘出属于本土、本国、本民族的那些“根文化”，进行评价、分析和研究。

第二个“飞跃”就是“立魂”。挖掘那些“根”文化显然不是目的，必须对这些“根文化”进行提炼升华，完成从“物质”到“精神”的飞跃，重在精神、重在价值，而要完成第二个“飞跃”，“立魂”理念必须贯彻始终。

这便是旅游策划“寻根立魂”理论的精义所在。

四川·内江书房村：
在张大千故里讲故事

张大千纪念馆，
张大千博物馆，
张大千美术馆，
张大千故居，
西林古寺，
鹭澜洞崖墓群，
太白楼，
西林古渡……
我们一路走，一路看，一路想：
大千大师，能助力书房村旅游脱贫吗？

一个渴望旅游脱贫的省级贫困村

2016 年初，我率苏州园林设计院团队穿越大半个中国，从苏州赶赴四川盆地一个叫书房村的小地方。

书房村属四川省内江市东兴区新店乡，是省级建档立卡贫困村，以种植水稻、蚕桑、果桑为主，森林覆盖率 40%，全村共 8 个村民小组，443 户，共计 1548 人，其中贫困户 74 户计 282 人。是年，政府计划以培育蚕桑文化和自然文化为主题，依托产业发展，计划把传统产业改造成为具有持久竞争力的蚕桑、果桑、田园、旅游四大支柱产业。其中重中之重的一项工作，就是发掘乡土资源与文化资源，通过开发旅游实现贫困村退出，打造内江乃至四川旅游脱贫的示范工程。于是就有了我们此行——受邀进行前期规划设计，担纲制订《内江书房村旅游总体规划》。

书房村位于四川省内江市区东北方，距内江市区约 35 公里。四川是中国旅游大省，巴蜀山水，钟灵毓秀，自古是人们向往的美丽富饶、安宁祥和、气象万千的梦中仙境，早有“天府之国”

的雅号，而“东方伊甸园”的美称更使之别具浪漫情调。作为旅游大省，境内有5条最受游客推崇的旅游线路，书房村位于重庆至成都重要的旅游线路上。

书房村所在的东兴区原名内江县，是内江市唯一的革命老区，人文自然资源涵盖一江两河、三伟人三水库、三街五庙、东汉崖墓群等，拥有旅游景区点17处，地面文物点800余处，旅游资源极其丰富。

东兴区旅游局根据区域内旅游资源禀赋，按照“突出东兴特色，着眼长远发展，推动旅游产业与农业、城乡建设互动共融”的思路，精心编制乡村旅游规划。新店乡书房村乡村规划，就是东兴区5个农旅融合发展的重点乡村旅游规划之一。

乡村旅游如何规划？是不是做个农家乐就可以了？

如果是这样，那有什么必要千里迢迢把我们的团队请来呢？

我们认为，要做好这个项目，如果光立足于东兴区来分析定位，则格局太小。必须放大背景，以成渝旅游发展眼光，重新审视项目在旅游市场上所处的位置。

内江有什么

巴蜀故地，川中要塞。内江市位于四川盆地东南部、沱江下游中段，地处成渝两个大城市之间。东汉建县，曾称汉安、中江，距今2000多年的历史，1950年设内江专区，1985年改建省辖内江市，1998年分为内江市、资阳地区，内江市现辖市中区、东兴区、隆昌市、资中县、威远县、内江经济开发区、内江高新技术产业园区，107个乡镇1649个行政村，14个街道办事处334个社区，总人口420万。

在内江，我们寻找它的人文地理名片。

“川南咽喉”：内江是成渝经济区的中心城市，地处成渝城市群发展带、云贵—陕甘南北大通道发展轴、川南经济区“一带一轴一区”重要交汇点和胡焕庸线、318国道两条经济线重要交汇点，连接成都、重庆两个特大城市。

“甜城”：内江制糖历史辉煌，在计划经济鼎盛时，内江糖产量占全国的50%左右。

“名人故里”：内江以“大千故里”“书画之乡”“文化之乡”享誉中外，有“一师二相三状元四大家”之称的“内江十贤”。“一师”指孔子之师苌弘；“二相”指南宋宰相赵雄、明朝礼部尚书兼文渊阁大学士赵贞吉；“三状元”指唐朝范崇凯、南宋赵逵、清朝末代状元骆成骧（清代四川唯一状元）；“四大家”指国画大师张大千、张善孖兄弟，新闻巨子范长江，黄花岗七十二烈士之一、被孙中山授予“大将军”称号的喻培伦。

我们追索的目光在大千文化旅游产业园景区停住了。

在灿若星辰的内江才俊中，被誉为“五百年来第一人”的张大千以其卓绝的才情而独步画坛、享誉世界。为纪念这位世界艺术大师，内江市人民政府于 1992 年修建了内江张大千纪念馆，并在此基础上建设了内江大千文化旅游产业园景区。2009 年，景区一期工程完工，占地280余亩的“大千园”正式落成对外开放。2016 年成功创建为国家 4A 级旅游景区。

“大千故里 · 文化内江”。围绕传承大千艺术，内江市近年相继举办了纪念张大千系列文化活动，开展了书画艺术作品展“大千艺术周”“传承大千艺术”“大千故里 · 万人书画”和“大千龙舟经贸文化节”等特色活动，吸引了一大批大千弟子、门人、学者专家以及热爱大千艺术的海内外各界知名人士，数十万市民踊跃参观，“大千品牌”效应不断扩大。

我们走进位于内江市东桐路圆顶山的大千园旅游景区，感悟大师的风范。大千园依山就势，吸天地之精华，日月之灵气，拥西林之神韵，抱沱江之风光。正值秋季，梧桐树的叶子黄灿灿纷纷飘落；枫树的叶子却变红了，公园笼罩在片片红云中，也为秋天增添了一分热情；而柏树的叶子仍是那么青翠欲滴。树木林立、荷叶密布。亭、台、廊、榭应有尽有。自然与人文的汇聚，历史与印记的重叠，参天的古木，清幽的园路，柔美的轮廓勾勒出一幅醉人的画卷。画卷背后的张大千是世界知名的品牌，协调的建筑衬托出甜城最美的公园。

一个艺术大师的传奇故事

清流自绕岸，疏树不遮山。寂寂秋光静，萧萧落照间。

这方山水，是属于传奇的张大千的。

张大千的艺术成就是一个传奇。

张大千，中国泼墨画家，书法家，1899 年出生于四川省内江市中区城郊安良里的一个书香之家。他与二哥张善孖创立“大风堂派”是 20 世纪中国画坛最具传奇色彩的泼墨画工。后旅居海外，画风工写结合，重彩、水墨融为一体，尤其是泼墨与泼彩，开创了新的艺术风格，其诗、书、画与齐白石齐名，并称“南张北齐”。我国画坛泰斗徐悲鸿评价其为“五百年来一大千”。20 世纪 50 年代，张大千游历世界，获得巨大的国际声誉，被西方艺坛赞为“东方之笔”。

张大千是天才型画家，其创作达“包众体之长，兼南北二宗之富丽”，集文人画、作家画、宫廷画和民间艺术为一体。中国画人物、山水、花鸟、鱼虫、走兽，工笔，无所不能，无一不精。

诗文真率豪放，书法劲拔飘逸，外柔内刚，独具风采。张大千在绘画方面取得卓绝的成就，不仅缘于他丰富的艺术实践与天才创作，也是因为他成功地处理了绘画中传统与现代、继承与更新的关系，使古典的中国画技法气韵与现代的国际绘画风格绝妙融合，为中国画开拓出一条成功的路。2016 年，张大千的《桃源图》在香港拍出了 2.7 亿港元的天价，轰动一时，堪称中国最贵的画家。

张大千的隐逸人生是一个传奇。

五四运动后，因初恋谢舜华去世，张大千颇觉人生变化莫测，莫如去过“日中一食，树下一宿”的宁静修行生活，便至松江禅定寺出家为僧 100 天，后被家人抓回。出家期间逸琳老方丈为他取法名“大千”，张大千一名由此得来。在 20 世纪 40 年代，他还曾隐居敦煌石窟两年半，临摹大量壁画，从中汲取了极其丰富的艺术营养。抗战开始后，1938 年驻北平日本司令部多次派汉奸劝张大千出任伪职，张氏推诿不从，化装逃出北平，后逃辗转上海、香港，再取道柳州、梧州、重庆，然后回到成都，隐居青城山上清宫。他在大陆出生，在日本留学，在欧洲办过画展，在阿根廷和巴西都住过，游历全球之后，晚年居住在台湾。张大千曾评价自己的一生：“老夫足迹半天下，北游溟渤西西夏。”

张大千的爱情故事是一个传奇。

张大千是 20 世纪中国画坛中最负盛名同时又因多彩人生而极具魅力的艺术大师。他是一个有成就、有个性的艺术家，也是风趣洒脱，重情重义之人。因为他的眼睛时刻在追逐着美，而人的美则因更生动也更易打动心扉，因此他与一些美人就产生了风流韵事。其中他与 10 个女人的故事更增添了传奇色彩：一个红粉知己李秋君，两个婚前恋人谢舜华和倪氏，三个魂断情人池春红、李怀玉和山田喜美子，四房正式夫人曾正蓉、黄凝素、杨婉君和徐鸿宾。一往情深的初恋、相濡以沫的夫妻、柏拉图式的爱情……大千情感世界，人间少有。

大隐住朝市，小隐入书房

抗战时期张大千先生曾回到故乡在书房村隐居，留下了不少题书画墨迹和传奇故事，后来吸引了不少文人画家、旅游爱好者到此追寻大千踪迹。

这就是切入点。

张大千的艺术人生、隐逸思想、爱情故事，都是现代旅游包装开发的绝好题材。什么叫“继绝”？就是在大千故里（广义的）书房村，用旅游产品讲张大千的故事；用张大千的文化品牌，拓展书房村的乡村旅游产业空间。在国家推动旅游业转型升级的重大发展战略背景下，加快书房村旅游业发展步伐，实现由传统观光型农业向休闲度假景区的转型升级，拉长旅游产业链，完善旅游产业要素，最终实现全域旅游！

书房村位于重庆至成都的旅游线路上，客源市场优势条件良好，区位条件良好，自然、生态资源优势明显，国家新农村建设和脱贫攻坚的政策支持，这些都是发展旅游的优势。但是，仅有这些是不够的。如何协调旅游开发与资源环境保护的矛盾？如何最大化整合利用山水资源？如何实现与周边同质村庄的资源共享与错位发展？通过文化体验类项目开发打造旅游品牌，“张大千隐居地”是一个很好的突破口。

经过无数次的“头脑风暴”，策划团队以“大千文化、田园山水、普世价值”为原则，同“天河瀑布”等周边景区错位联动发展，从大千文化中提取出适合书房村气质的文化元素：“泼墨山水·隐逸田园”“山乡居游·蜜恋交友”“艺苑诗画·野趣美食”“大隐住朝市，小隐入书房”。通过“大千文化”的演绎、物化，延伸打造个性化旅游山村，打造生态休闲度假、深度艺术体验、注重交流互动的山村特色旅游目的地，规划目标确定为：新店乡的旅游亮点；内江市的旅游名片；大西南的特色旅游地；中国唯一以大千文化塑就的全域旅游目的地。

由此书房村旅游形象定位确立——大千故里·淡墨山水·诗意旅居。

大千文化故里，中国山村交友

占地 6800 亩、核心区域 540 亩的书房村文化旅游脱贫项目规划蓝图由此展开：按照旅游目的地的发展要求，结合市场导向，构建以“全域旅游”为指导，构建去城市化的生态山村人文品质的情境体验系统；以“中国山村交友”为核心，渲染艺术结友、书画结友、情缘结友，完善游客组织导入，构建节事活动营销系统。以此两大系统引领，强化品牌话语权，设计旅游产品。在空间布局上充分利用基地自然肌理结构，将大千文化与乡村文化以及生活体验演绎于乡村、自然山水情景之中，形成“一心（综合服务中心）、三带（旅游观赏带、大千文化体验带、森林景观带）、七园（入口景域、大千艺苑、大千美食、阡陌田园、农业嘉年华、内江北恋城、野趣世界）”的格局，建设迎合市场需求的书房村大千文化体验特色度假旅游产品！

以“大千文化”为主线，打造特色，突出唯一性。

继承张大千与书房村结缘之典故，发掘现代旅游要素。书画文化和隐居文化是题中之义，爱情文化和美食故事也是可操作的题材。张大千是书画家，也是美食家，号称自己有三绝，首要的不是书画，而是做菜。张大千说：“以艺事而论，我善烹调，更在画艺之上。”他撰写的食谱《大千居士学厨》中记载了17道最爱吃的家常菜。2001年，《大千居士学厨》在台北举行义卖，起标价新台币160万元，最后拍出了1090万元，堪称世界上最贵的一本食谱。我们可以把“大千菜谱”作为一个品牌推出：摩耶生炒牛肉片、蜜汁火腿、榆钱炒蛋、嫩苜蓿炒鸡片、鲜蘑菇炖羊杂、鲍鱼炖鸡、沙丁鱼、鸡丝枣泥山药子、炒虾球、炒六一丝……以大千美食进行创新演绎书房村特色美食并赋予大千故事，打造独一处的美食旅游元素。以大师仙风道骨的形象，不愁没有市场。

以“民俗风味”为基础，打造亮点，突出可落地性。

根据策划“既有感动游客的A级景源，又有满足游客的普通项目”的规划目标，将书房村旅游分为综合服务配套区、大千文化游娱区、隐逸田园度假区、乡村农业体验区、野趣拓展活动区五个功能区。其中，大千文化游娱区将“大千文化”物化、活化，将张大千生前的艺术、美食、生活素材演绎成旅游产品、项目；隐逸田园度假区以张大千曾经的“逃官隐逸”生活为导示，围绕文人的隐逸思想形成书房村休闲度假的特色，打造乡村隐居生活体验度假产品集群；乡村农业体验区以乡村文化、创意农业、高新技术为元素，吸引游客前来游览观光，亲近农业，体验回归自然；野趣拓展活动区集合创意野外狩猎活动、野外生存拓展训练、观赏奇趣世界等乡村旅游项目新玩法，打造注重安全性、可操作性，强化趣味性、知识性、娱乐性的乡村俱乐部旅游项目。

以“创意营销”为发展思路，打造品牌，突出可持续性。

重点进行全年节庆策划：每年元宵节前后，举办为期一周的元宵花灯会（乡村传统歌舞表演、闹元宵舞龙狮表演、猜灯谜活动等）；每年二月、八月，举办为期3天的“非诚勿扰”相亲节（情歌对唱、比文招亲、爱情魔方、个性拼图等）；每年六月，举办为期1个月的大千艺术节（艺术家论坛会议、艺术作品慈善拍卖、艺术交流展、少儿艺术比赛等）；每年七月，举办为期1个月的大千美食节（特色美食展示，厨神大赛、美食排行评选、品味猜食材等）；每年九月，举办为期1个月的农业嘉年华（展示现代科技农业，普及现代种植技术，展示最新奇幻品种）；每年十月，举办为期1周的野外求生挑战赛（指定区域内，无外援及食物供给，到达指定目的地）；每年十一月，举办为期1个月的动物狂欢节（邀请国内外著名马戏团表演，开展世界奇妙动物展，野生动物科普竞赛等）。适时推出“千牵情缘”情景演艺，以内江书房村独特的自然元素和张大千艺术人文元素为创作基础，汲取张大千人物一生的艺术追求和爱情故事，实景演绎张大千传奇的人生经历。

在运营方式上，我们建议秉持“在保护中开发，实现持续经营”“推进旅游、文化、经济三者的联动”“坚持政府、开发者、居民、旅游者四者共赢”三大运营理念，提出“政府主导运营、企业开发运作、村民积极参与”的模式，充分发挥市场对资源配置的基础作用，积极培育灵活、富有竞争力的市场化运作机制，通过旅游开发带动美丽乡村建设和农村、农民、农业经济整体发展，实现各方共赢和可持续发展。在后来的实操落地过程中，我们提出的这一模式成为项目的“点金之手”，书房村旅游开发由最初政府计划投入2亿元实施的文化旅游脱贫工程，通过引进社会投资，发展成为预算总投资5.7亿元、占地6800亩的产业发展项目。项目建成后，村民年均可增收60%以上。

“大千文化、田园山水、普世价值”，正在成为书房村乃至内江市的文化新亮点。

【策划札记】/Notes

【策划札记】继绝，是血脉的贯通

继绝，不是凭空臆造，而应该在本土的、历史的根脉基础上进行挖掘、构思。

善于思索，善于发现，精于创造，才是继绝的重中之重。

书房村故事的发生是这样的：

史载："抗战开始后，1938年驻北平日本司令部多次派汉奸劝说张大千出任伪职，张大千推诿不从，化装逃出北平……"

那张大千逃出北平后，第一站去了哪里？资料上没有明确。

史载："传说后又辗转上海、香港，再取道柳州、梧州、重庆，又回到成都……"

那回到成都后张大千有否到家乡内江，或在内江附近待过？

这两个时间节点既然有模糊之处，就给了我们想象、挖掘和证实的空间。

紧接着，我们进一步查阅资料，走访老学者，有一段历史印迹渐渐清晰起来：张大千决意不在伪府从职，与密友商量计策时，一位画友建议他，距内江 30 公里之处有一名为“书房村”的小山村，可以先在那隐居一下。一来可以避开日伪对码头的阶段性查访；二来这村离内江不近，放在大片区的视野下难以被人觉察，这村又离内江不远，家人通个风报个信照应起来也方便；三来这“书房村”的村名与大千的书、诗、画也有因缘。

由此，就有了张大千与书房村联系的必然。

离奇而不离谱。

四川·内江
书房村

项目资料图
General layout

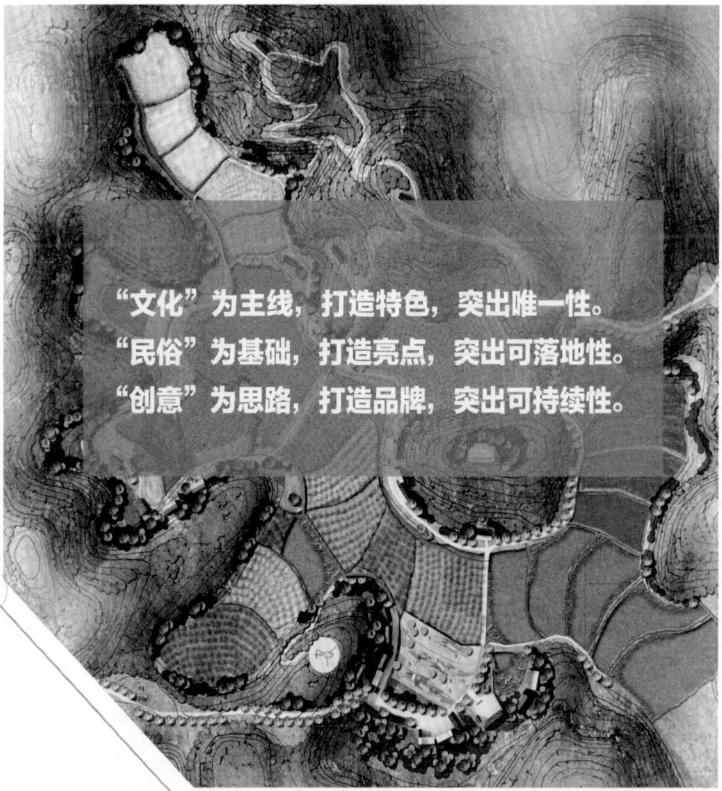

上海 · 檀园：在传承中创造

南北朝时期，一老农种菜刨地时挖出一块大石头，常有一对白鹤飞来伫立石上。有高僧路过见此地四道河湾形成“卍”字瑞相，为吉祥佛地，便募化建寺。佛寺落成的那天，那对白鹤驮高僧南飞，巨石上出现一首诗：“白鹤南翔去不归，惟留真迹在名基；可怜后代空王子，不绝薰修享二时。”此寺便命名为“白鹤南翔寺”，此地因寺得名“南翔”。

檀园移建南翔古镇。

因于重建，继绝于布局？形态？文化？

寻找名士风流

嘉定区南翔镇，是上海市四大历史名镇之一，历史上曾有“小小南翔赛苏城”之美誉。明朝初期，经济繁荣程度已为嘉定县各市镇之首。清朝初期，百货骈集，舟车纷繁，有“银南翔”之称。千年古镇风流人物辈出，如明嘉定四先生之一的李流芳、清代竹刻名家吴之璠、当代国画大师陆俨少等。

但是，地处水陆要冲的南翔古镇，历史上曾屡遭倭寇焚掠、战火荼毒，历史建筑几度被毁损殆尽。留给今天的遗迹，仅五代双塔、南宋鹤槎山、明代古猗园、清代天恩桥等寥寥数处。

改革开放以来，南翔镇先后获得中国历史文化名镇、全国文明镇、国家卫生镇等称号。2011年，为延续先贤人文并激励后人，弘扬历史园艺以惠社会，进一步提升古镇南翔的内涵和魅力，当地政府决定恢复性重建南翔历史文化名人李流芳故居——檀园。由我协同领同济大学规划团队进驻，建设方特邀我主持策划规划。

接到任务后，我常常漫步在南翔古街上。

恬静的古镇，幽深的古巷，秀雅的绿林……江南景，江南味，江南情，就像一场迷朦飘渺、清新隽永，超凡脱俗的迷梦。这个梦是完美的，足以让人沉醉一生。然而梦醒后，我却有着一丝怅惘，一丝惋惜，一丝说不尽的别绪，那久久离家未归的檀园，总让我牵肠挂肚、魂牵梦萦。那春雨润不酥的烟雨楼，笛音拂不匀的杏花香，笙歌薰不醉的石船舫，仿佛都从历史的红粉里，明代的园林里缓缓驶出，摇摇曳曳，撩拨着我的遐想。

李流芳（1575—1629），字长蘅，号檀园、沧庵，晚号慎娱居士、六浮道人，明代诗人、书画家，原籍安徽歙县，生于嘉定南翔，万历丙午举人，与唐时升、娄坚、程嘉燧合称“嘉定四君子”，他和松江画派董其昌，以及陈继儒、杨文聪、王时敏、王鉴、程嘉燧、张学曾、卞文瑜、邵弥等合为“画中九友”。为人耿直，诗风清新自然，文品为士林翘楚，魏忠贤建生祠不往拜，称：“拜，一时事，不拜，千古事。”明朝天启二年，李流芳进京会试，闻听宦官魏忠贤专权排斥异己，义愤填膺，赋诗离去，绝意仕途，从此专事书画创作、文化研究。三百年来风行海内外盛传不衰的《芥子园画谱》，就是以他临仿古人各家风格的课徒画稿为蓝本，经后人整理、增编而成，是最权威的中国画入门教科书。

明万历三十三年（1605），李流芳规划卜筑，自建“檀园”，读书其中。李流芳自称有“烟霞之癖”，爱游历名山大川，把山水纳入自己的庭院中，是他的夙愿。檀园是李流芳宅第的后花园，由李流芳擘画设计，因园中有棵大青檀树，夏日一片浓荫，李流芳非常喜爱这棵大树，就把自己私家园林命名为“檀园”，后来檀园也成了李流芳的号。这座小巧精致的文人园闻名遐迩，著名学者钱大昕称赞道：“槎上多名园，以长蘅先生檀园为最。”檀园内布置有宝尊堂、剑蜕斋、次醉阁、山雨楼、萝壑、芙蓉沜等十余处建筑，佳构美胜，贤士荟萃，一时称盛。曾经到过檀园的文人钱谦益描述它：“水木清华，市嚣不至，一树一石，皆长蘅父子手自位置。琴书萧闲，香茗郁烈，客过之者，恍如身在图画中。”

惜乎，明清易代之际，檀园毁于血腥的“嘉定三屠”，留下历史的疤痕。

恢复檀园，圆梦今朝，是我的企盼，也是华夏同胞乃至世界人的渴望。而保留发扬历史名迹，传承先哲文化思想，是我辈之责，也是我等之幸。

但是，李流芳故居今何在?

近四百年时光如潮水几经冲刷，江南才子的宅院已荡然无存，当年院落布局已无从考证。檀园建在哪？怎么建？建什么？都没有答案。

作为一个重现历史文化的旅游建设项目，史料和实物的大量占有固然是件好事，但可参考的遗迹或资料缺失也未必是件坏事，反而为天马行空的创造力打开了一扇窗口，拓展出一个自由创作的空间。我在此类项目策划过程中，向来遵循“忠于历史，不拘于历史”的原则，在有限史实的基础上，通过合理想象，承上启下，运用策划人的“创意、创新、创造”，找回遗失的美好。

走遍古镇，我们找到了一个点，就是南翔老街内混堂弄 5 号宅院，它的背后就是老街的标志——南翔双塔。这一对砖塔来历不凡，建于五代至北宋初年，是多次被毁的白鹤南翔寺劫后余生仅存的文物。双塔坐落在报济桥（俗称“香花桥”）北堍解放街的两侧，沐浴在朝露暮霭之中，旧时为南翔一景，称“双塔晴霞”。志书记载，所谓“砖塔岿然双峙，千年物也”，古砖塔在南翔乃至嘉定地区的地面文物中可算是老寿星了。

无须作过多考据，作为南翔古镇的文化朝圣地，檀园应该坐落于双塔历史文化风貌区内，才能更好地传承文脉。

苏式私家园林的创新表达

檀园选址确定之后，下一个问题是如何重建，才能还原名士风流？

由于历史的原因，有关檀园的图文资料几近于无，无法以旧园为范本恢复。为此，我们决定，借鉴江南诸多古典名园造园艺术，又顾及现代人旅游审美情趣，作创造性的重建。

江南典雅秀巧、宛若天开的私家园林，一直是中华艺术的传世瑰宝。它源于自然、高于自然的精妙技法，曾在 2010 上海世博会上，让世界人民惊叹。它精致、细腻、饱含寓意，追求意境的涵蕴，更是文人墨客领略诗情画意，品味写意情趣的圣地，是一个压缩了东方美学、充满中国文人精神理念的生命体。

江南园林甲天下，苏州园林甲江南。苏州园林是江南园林的典范，是自然山水与人文内涵的结晶，又称为文人园林，其气质契合于一代才子李流芳的私家宅院。几经斟酌，我们把檀园的整体设计风格定位为苏式私家园林。

早期的苏州园林都不是一次完成的，往往主人在园子刚成型的时候，就请一些文人雅士来把脉，饮酒赋诗、题匾撰联，融合满座高朋的建设性意见后，将继续建造的亭台楼阁打磨得更完美。我们在重建檀园的时候，更是秉承这一优良传统，让文化提前介入，先造意境，后造环境。

我们需要重建檀园怎样的意境？

苏式私家园林是檀园的灵魂。但我们要再现的檀园，不仅仅是一个私家园林，更是一个游客访古问胜的历史文化景区。因此，今天的檀园就不仅具有宅院居、赏、憩的功能，还要注入“游”的概念进行空间布局。园林文化要力求体现李流芳的人格情操和艺术成就，成为一座文艺意境园、名人纪念园。在结构上，要让各个建筑各就其位，游客游览的过程本身就是一种惊奇回溯。我们遵循李流芳“位置不在多，贵与风物称”的造园思想，既还原旧观，又适应现代审美观，景点和整体布局融入了更丰富的内涵。全园布局紧凑得体，显示出一种宁静、典雅、精致、大气的气氛，既传承江南古典园林的文脉，又兼具时代气息。

李流芳传世画学思想中，有个著名的“三不似”理论：“画会之真山真水总不似，画会之古人总不似，画会之诗总不似”；“萃造化、古人、诗境于一局，以不似求真似”。绘画应做到形似和神似，写实与诗境高度完美的融合统一，体现了李流芳突破传统、改革创新的精神。而这一精神，我们本着“继绝”的原则，运用到檀园复建的策划中，在似与不似之间，复古与创新之间，打造属于自己的风景。

重建当以传承创新，不止在回复原情原貌，亦在有所突破，更想“暗藏”一个主题，即集江南园林中的建筑精品。在规划上，檀园将保留传统风貌与创新现代功能并重，将形态与业态有机结合，人文景观与自然景观巧妙结合，溪流逶迤，楼台倒影，鱼戏莲间；亭轩古逸，楼台错落，曲槛廊檐；春兰秋菊，夏荷冬梅，四时芳年；古树苍苍，绿荫掩映，幽篁丛沿。园趣野趣融汇揉和，人作天开和谐自然，各景点错落有致，衔接自然，再现“水木清华，客过之者，恍如身在图画中”之感。

贯通古今的“立意”之后，就是精雕细琢的“赋形”。

首先，我们设计檀园以“葫芦”形水池居中，沿其周围布置景点，厅堂环立，借以形成向心、内聚的格局，这种格局使人在有限的空间内感到开朗而宁静。同时，局部让水体延伸，化整为零，从而更丰富了水面的形态，扩展了水体的层次，使之更显得纵深很大，意境深远。在空间处理上，采用主辅景区对比的手法，以水池为中心的“旷”与环绕建筑物的“奥”，产生空间的对比，形成众星拱月的格局。

在构图上，檀园设计力图精妙，层次丰富、意境深远。各个景点的构成与形态力创“素、雅、和”的气质，尽力表现文人写意园林的风格，追求淡薄隐逸的境界，因此檀园的书卷气和雅逸的艺术格调极浓。

传承苏式园林的精髓，我们致力打造经典。

采用层层遮挡、层层透析的方法，营造曲径通幽、若隐若现的视觉效果。洞壑盘旋宛转，曲廊贯通全园，体现了江南私家园林的特色。注重园林的人工因素与自然诸要素的和谐统一。在有限的空间内充分发挥“小中见大”的艺术原理，恢复性地创造“咫尺山林，多方胜景”的园林格局。以体现“自然美”为宗旨，采用因地制宜的手法，以借景、对景、分景、隔景等种种造景技法来组织空间，造成园林中曲折多变、小中见大、虚实相间的景观艺术效果，使有限的园林面积展现无限的艺术空间。以山水、花木、建筑、题景等为素材，以山水画家的写意手法为依据，在园址上进行三维空间的静态和动态的描绘。通过叠山理水，栽植花木，配置园林建筑，形成充满诗情画意的文人写意山水园林。

通过对山石、清泉、花木的提炼、加工、强化，上升为巧夺天工的“艺术美”。形成自然美、艺术美与理想美的完美结合，成为宣泄自身情感，表达意念的空间。游人徜徉其间，随着廊引人随，清香染衣，处处移步换景，妙趣天成，仿佛置身于山水画卷之中。

借鉴江南诸多古典名园的造园艺术，又考虑到现代人旅游审美的情趣，一个全新的檀园，跃然纸上。

上海·苏式园林
檀　园　手绘图
Hand drawing

立意赋形

在传承中创造，
让文化提前介入，先造意境。

行游在历史与现实的画卷中

纲举目张。本着“在传承中创造”的原则，采用欲显而隐、欲露而藏的设计手法，向游客展现出一幅历史与现实相互渗透的画卷：

游客进门后首先印入眼帘的是名为“鹤璀玉立”的一座小假山，其间点缀四时花灌木。透过假山隐约看到后面的“次醉阁”，绕过假山来到“次醉阁”前，顿时眼前豁然开朗，望向“次醉阁”内，仿若能看到“冷帐疏床，半倚寒窗望荷塘”的时光之醉。从次醉阁向东、向西分别形成两条游线。

向西：从“次醉阁”向西经“石雕门楼”“春意廊”“至顺桥”“寥寥亭”“呼丽桥”“飞云瀑布”“龙涵芳硕”，进入“流芳馆”后院“紫瀚亭”。

檀园石雕门楼与“寥寥亭”在“次醉阁”西侧，“寥寥亭”可供游人坐歇欣赏。“至顺桥”采用迂回盘曲的手法，共有五个曲，曲桥增加了空间的丰富性，横卧于水面，连接东、西两条游线。“飞云瀑布”为瀑布景观，配有湖石花台，工艺巧妙。进入“流芳馆”参观“鸳鸯厅”古建筑及室内家具。

向东：由“次醉阁”向东走则依次经过“春意廊”“醉墨亭”“艺菊千语”“长蘅舸”“天香无极”“涵碧轩”“鸿照社”“翘楚函园”“放翠园”“槎溪士馆”“片石晓烘”“南翔人家”“汲古亭”“剑石飞雨”“梦齧亭”和“流芳馆”。西线全部由廊串联，即使雨天也不影响游园。

“长蘅舸”与“放翠园”位于“次醉阁”东侧，沿水池东岸展开。“长蘅舸”三面环水，两侧配置奇石、植物，内设有茶室，游人可歇息品茶。而后可参观典型的明清建筑和民国建筑、翘楚函园，最后经“梦齧亭”进入“流芳馆”。

全园小巧玲珑，宁静典雅，布局和谐协调，紧凑得体。曲廊贯通全园，廊随桥引，移步换景。徜徉园内，如在画中，极具江南园林的特色。

围绕“檀园”名字，我们在园林景观布置时突出两棵青檀树。这两棵古树千百年来相伴而生，又名鸳鸯檀、千岁檀。青檀，是我国特有的单种属植物、国家二级保护稀有树种，现已被世界教科文组织列入世界自然遗产录。

青檀与文化有着密切的血缘关系。从文化意义解读，亶，善也；檀，善木也。从生物意义解读，青檀，榆树科落叶乔木，青枝绿叶，木质坚硬，发育缓慢，寿命较长，是国内外稀有树种。中国国粹——“文房四宝”中的宣纸，就是用青檀树皮作主要原料制成的。

檀树渲染檀园的文化氛围，以百年之园，继千年之绝，简直是浑然天成。

[策划札记]/Notes

文化介入是景区内涵提升的“法宝”

在我们策划规划的旅游项目中，檀园并不算大，只有区区10亩，却是文化景观与自然景观结合、历史园林文化与现代旅游文化结合的一件代表作，值得一记。与前文提到的天津水西庄、苏州唐寅园等项目相似，上海檀园策划胜在园林，更胜在文化。

文化需要传承。复原“宝尊堂”“山雨楼”“次醉阁”“芙蓉汫”等历史景点，再现李流芳读书养母、吟诗作画、会朋晤友的重要场所。主厅“宝尊堂”安置李流芳塑像，两侧陈列李流芳书画作品。书斋和园林再现李流芳旧时的生活、读书场景，园中“龙涵芳硕”和“飞瀑流云”两块天然太湖石，为园林注入独一无二的文化气质，使之成为南翔古镇的核心景点之一。

文化更需要创新。所谓“意在笔先”，历史文化对园林景观的重要性，神似甚于形似。在檀园策划中，我们把握园主人公的性格和精神实质，不受所谓历史真实的束缚，大胆创新仿古建筑，如寓意主人虽仕途不济，但志在高远的“寥寥亭”，取意“山雨欲来风满楼”的“山雨楼”，体现园主高逸豁达人生观的“招隐亭”，都取得了很好的效果。

旅规施策之“继绝”，即把先贤的东西拿来丰富今天的旅游需求，我称之为“今天讲三百年以前的故事”；时间在流逝，把当代的创造留给我们的子孙，我称之为“三百年以后讲今天的故事”。

“过往”遇见“当下”，“子曰”碰上“文曲”，以旅游的方式传承、传颂、传播历史文化，就能在历史上增添又一个“点”闪耀着不凡光芒。

如此，我们的创意就能被社会收藏。

由此，代代相传，生生不息，我们这一代旅游人才大有作为。

这是我主持上海市檀园规划策划项目时的随想，也是旅规生涯中对“上承历史，下启未来”使命的感悟。

上海·苏式园林
檀园
效果图
Design sketch

【素、雅、和、逸】

后记

承蒙施文球先生厚爱抬举，邀作后记，诚惶诚恐，不敢怠慢，经虔诚拜读，收获良多，难以言表，奈何学识尚浅，不敢妄加评判，仅记述拜读所得和分享先生新作背后的故事，以供诸位读者进一步了解先生之山水情怀与专业境界。

有人曾评价施文球先生，在专业上善于把市场策划融入规划设计中，效果显著，新奇而实用；在服务上用心、用情，渗透着浓浓的人文精神，令人感动而震撼。“仁者乐山，智者乐水”，先生常年奔波于祖国各地的景区景点“施策”，早几年从实践中归纳提炼出旅游策划规划三词经——持异、糅合、继绝，在业界产生了较为广泛而深远的影响力。我曾向先生多次提出整理出书，以发扬光大，并传诸后人，奈何先生却迟迟没有动笔。但我明白他这并非持“秘不外传”之念，而是俗务缠身，抽不出完整的大块时间来进行理论性的深化和系统性的阐释。后来又在中国旅游协会会长段强先生（曾为《旅规施策》系列丛书之一的《一个旅游策划人的“转山”修行》作序）的感召下，先生觉得很有必要将长期的旅游规划策划进行经验性的归纳整理，既是对自己和团队近年来不凡业绩的回顾与检阅，也能给旅游业界留下一笔可资参考借鉴的宝贵财富。于是先生经过大半年忙里偷闲的笔耕，终有了这本《旅规施策：持异 糅合 继绝》。

先生对于旅游创意事业的态度是先进与超脱的，他对待创意项目的出发点已然不是旁人追寻的名与利，他曾主张“师法自然，心怀远景，随景而安”，旅游发展不一定需要全靠巨额投资推动，但必定需要智慧运作；旅游规划不一定需要罗列世间优秀项目经验，但肯定唯有本土的才是最有个性的；旅游市场不一定需要行政方面的强势者，但一定需要专业人；旅游项目是长线投资，长